Coleção
Resumos para
CONCURSOS

Organizadores
Frederico Amado | Lucas Pavione

19

Direito Urbanístico

Coleção
Resumos para
CONCURSOS

Organizadores
Frederico Amado | Lucas Pavione

19

Leon Delácio de Oliveira e Silva
Leonardo Teles de Oliveira
Eduardo Teles de Oliveira

Direito Urbanístico

2ª edição | revista atualizada ampliada

2019

EDITORA JusPODIVM
www.editorajuspodivm.com.br

EDITORA *Jus*PODIVM
www.editorajuspodivm.com.br

Rua Território Rio Branco, 87 – Pituba – CEP: 41830-530 – Salvador – Bahia
Tel: (71) 3045.9051
• Contato: https://www.editorajuspodivm.com.br/sac

Diagramação: Ana Paula Lopes Corrêa *(aninha_lopescorrea@hotmail.com)*

Capa: Ana Caquetti

ISBN: 978-85-442-2961-3

• A Editora *JusPODIVM* passou a publicar esta obra a partir da 2.ª edição.

SOBRE OS AUTORES

EDUARDO TELES DE OLIVEIRA

Procurador do Município de Salvador/BA. Pós-graduado em Direito do Estado pela Faculdade Social da Bahia. Foi Procurador Federal. Professor e membro do Quero Ser Procurador – QSP.

LEON DELÁCIO DE OLIVEIRA E SILVA

Procurador do Município de João Pessoa/PB. Mestre em Desenvolvimento Urbano (UFPE). Pós-graduado em Direito Constitucional. Foi Procurador do Município de Petrolina/PE. Professor e membro do Quero Ser Procurador – QSP.

LEONARDO TELES DE OLIVEIRA

Procurador do Município de João Pessoa/PB. Mestrando em Direito e Desenvolvimento Sustentável. Pós-graduado em Direito do Estado pela Faculdade Social da Bahia. Professor e membro do Quero Ser Procurador – QSP.

PREFÁCIO

A vida de concurseiro não é fácil.

Editais gigantes, pouco tempo de preparação e questões objetivas e discursivas nem sempre bem elaboradas.

Talvez por isso, livros para concursos têm que ser diferenciados no conteúdo e, principalmente, na metodologia.

Desde que vi a obra dos professores Leon Delácio, Leonardo Teles e Eduardo Teles – "Direito Urbanístico para Concursos" –, constatei: temos um trabalho diferenciado aqui.

Cheio de tabelas, mapas mentais, com linguagem simples e objetiva! Abordagens doutrinárias e jurisprudenciais, além das questões de concursos. Absolutamente todos os recursos didáticos estão presentes nessa maravilhosa obra.

Infelizmente, o Direito Urbanístico é comumente relegado nas grades curriculares dos cursos de Direito. Talvez por isso, compreender a disciplina não seja uma tarefa fácil para a maioria dos operadores.

O que diz a Constituição Federal, o Estatuto da Cidade (Lei 10.257/2001), a Lei do Parcelamento do Solo Urbano (Lei 6.766/1979), o Estatuto da Metrópole (Lei 13.089/2015), a Lei da Regularização Fundiária (Lei 13.465/2017).

São tantas fontes normativas e interesses em conflitos que o estudante se vê perdido na importantíssima compreensão do tema, pois em tempos de vida caótica em grandes centros urbanos, a regulação urbanística é essencial.

Porém, regular e planejar – social e democraticamente – o espaço urbano não é uma tarefa fácil.

Provavelmente, por esse motivo, o livro transborde a preparação para concursos e se torne um efetivo instrumento de compreensão dos nossos próprios caminhos na busca do bem-estar urbano.

Parabéns, professores. Vocês conseguiram unir nesta obra o conhecimento acadêmico com a experiência profissional de procuradores municipais de João Pessoa/PB e Salvador/BA. O livro transcende a preparação para concursos e se torna leitura obrigatória sobre o tema.

Recife, 31 de maio de 2019.

MOZART BORBA

Professor e autor.

SUMÁRIO

Capítulo 3

Capítulo 4

Capítulo 5

Capítulo

1

NOÇÕES INTRODUTÓRIAS AO DIREITO URBANÍSTICO

Leia a Lei:

- *Arts. 1º, parágrafo único, da Lei 10.257/01; 5º, XXIII, 21, IX e XX, 23, IX, 24, I, §§1º a 4º, 25, §3º, 30, I e VIII, 170, III, 174, §1º, 182 e 183 da CF/88.*

1. CONCEITO E PRINCÍPIOS

O Direito Urbanístico se define como o sistema normativo voltado à ordenação da **produção social do espaço urbano**, mediante a **regulação da atividade urbanística**, de modo a efetivar uma **política urbana estatal**.

Segundo José Afonso da Silva (2010, p. 36/49), "o **direito urbanístico** é produto das transformações sociais que vêm ocorrendo nos últimos tempos. **Sua formação, ainda em processo de afirmação, decorre da nova função do Direito**, consistente em oferecer instrumentos normativos ao Poder Público a fim de que possa, com respeito ao princípio da legalidade, atuar no meio social e no domínio privado, para ordenar a realidade no interesse da coletividade" (grifo nosso).

Superando a visão clássica, que privilegia a existência do espaço urbano (fruto de um processo natural e não da dinâmica das relações sociais), o Direito Urbanístico deixa de se ocupar apenas da ordenação do território preexistente e passa a ter como **foco a regulação da produção social e das constantes alterações das cidades.**

O Direito Urbanístico possui um conjunto de **normas e princípios** orientadores para a realização do **planejamento sustentável das cidades**, que devem ser respeitados pelo Poder Público e pelos cidadãos, em virtude de serem **normas de direito público,** de **natureza compulsória e cogente.**

Conforme previsão do parágrafo único do art. 1º do Estatuto da Cidade "Para todos os efeitos, esta Lei, denominada Estatuto da Cidade, estabelece normas de ordem pública e interesse social que regulam o uso da propriedade urbana em prol do bem coletivo, da segurança e do bem-estar dos cidadãos, bem como do equilíbrio ambiental".

Além de serem preceitos de observância obrigatória, possuem importante característica, qual seja a **coesão dinâmica** entre suas normas, posto que não podem ser interpretadas isoladamente, e sim, como conjuntos normativos que buscam a transformação da realidade.

Para José Afonso da Silva (2010, p. 38), o Direito Urbanístico tem por **objeto** expor, interpretar e sistematizar as normas e princípios reguladores da atividade urbanística.

No que tange à sua autonomia, **não há consenso entre os doutrinadores**, podendo ser apontada duas correntes:

AUTONOMIA DO DIREITO URBANÍSTICO	
1ª CORRENTE	Parte **integrante do Direito Administrativo**, decorrente do poder de polícia.
2ª CORRENTE	**Disciplina autônoma**, com normas e princípios próprios.

A 1º corrente, que defende que o Direito Urbanístico é parte integrante do Direito Administrativo**, ainda tem prevalecido**. De todo modo, é cediço que se trata de um ramo do Direito Público que está ganhando cada vez mais força, em razão do seu **aprimoramento** e do **caráter multidisciplinar**, que visa à harmonização das funções sociais do meio ambiente urbano, na busca da qualidade de vida da coletividade.

A doutrina assentou que o Direito Urbanístico possui **princípios** próprios, sendo os mais aclamados:

PRINCÍPIOS DO DIREITO URBANÍSTICO

FUNÇÃO PÚBLICA DO URBANISMO
A ideia por trás desse princípio é a da consagração da necessidade da imposição de **normas de ordem pública**, em face de comportamentos privados. O Estado atua no meio social e no domínio privado, para ordenar a realidade no **interesse coletivo**.

CONFORMAÇÃO DA PROPRIEDADE URBANA
O direito urbanístico disciplina o conteúdo do direito de propriedade urbana, verificando o que pode e o que não pode ser feito, para que a **propriedade urbana cumpra sua função social**.

PRINCÍPIO DA COESÃO DINÂMICA DAS NORMAS URBANÍSTICAS
Como já mencionado, esse princípio é uma característica das normas do direito urbanístico, tendo em vista que se tratam de **conjuntos normativos** (procedimentos) e não preceitos isolados.

AFETAÇÃO DAS MAIS-VALIAS URBANAS AO CUSTO DA URBANIFICAÇÃO
Com base nesse princípio é possível exigir que os proprietários beneficiados pela valorização da sua propriedade, em razão da infraestrutura pública realizada em seu entorno (por exemplo, uma obra pública), satisfaçam os gastos realizados pelo Poder Público, recapturando a **mais-valia gerada pela capitalização dessa infraestrutura**. Um exemplo de como perquirir essa compensação seria por meio de cobrança de contribuição de melhoria.

JUSTA DISTRIBUIÇÃO DOS BENEFÍCIOS E DOS ÔNUS DECORRENTES DA ATIVIDADE URBANÍSTICA
A urbanização deve pautar-se pelo **ideal de solidariedade**. Os benefícios devem resultar em bem-estar de toda a coletividade, devendo o ônus ser dividido entre todos (RECH; RECH, 2010, p. 71). Segundo Helena Regina Costa (1991, p. 126), o referido princípio apoia-se, em última análise, no próprio **princípio da igualdade**, sendo autêntico desdobramento deste. Encontra-se expresso no art. 2° do Estatuto da Cidade.

2. DIREITO URBANÍSTICO NA CONSTITUIÇÃO FEDERAL

Em meados da década de 80, num contexto histórico de retomada da democracia no Brasil, aconteceu no país o Movimento Nacional pela Reforma Urbana, que pode ser considerado o elemento fundamental para a inserção do capítulo da Política Urbana na Constituição Federal de 1988.

Segundo Victor Carvalho Pinto (2005, p. 117), "a Constituição de 1988 foi a primeira no Brasil e talvez seja a única no mundo a tratar diretamente da política urbana". Para Georges Louis Hage Humbert (2009, p. 70) "a Constituição brasileira não se omitiu e, pela primeira vez na história, dedicou um capítulo exclusivo à Política Urbana, inserido no Título VII da Carta Magna, que trata da ordem econômica e financeira".

O **art. 182 da Constituição Federal de 1988** estabelece "A política de desenvolvimento urbano, executada pelo Poder Público municipal, conforme diretrizes gerais fixadas em lei, tem por objetivo ordenar o pleno desenvolvimento das funções sociais da cidade e garantir o bem-estar de seus habitantes. § 1º O plano diretor, aprovado pela Câmara Municipal, obrigatório para cidades com mais de vinte mil habitantes, é o instrumento básico da política de desenvolvimento e de expansão urbana. § 2º A propriedade urbana cumpre sua função social quando atende às exigências fundamentais de ordenação da cidade expressas no plano diretor. § 3º As desapropriações de imóveis urbanos serão feitas com prévia e justa indenização em dinheiro. § 4º É facultado ao Poder Público municipal, mediante lei específica para área incluída no plano diretor, exigir, nos termos da lei federal, do proprietário do solo urbano não edificado, subutilizado ou não utilizado, que promova seu adequado aproveitamento, sob pena, sucessivamente, de: I - parcelamento ou edificação compulsórios; II - imposto sobre a propriedade predial e territorial urbana progressivo no tempo; III - desapropriação com pagamento mediante títulos da dívida pública de emissão previamente aprovada pelo Senado Federal, com prazo de resgate de até dez anos, em parcelas anuais, iguais e sucessivas, assegurados o valor real da indenização e os juros legais."

Pela leitura do caput do art. 182 da CF, pode-se, a um só tempo, extrair as seguintes conclusões: a) o **protagonismo municipal** na execução das políticas públicas de planejamento urbano; b) o **diálogo interfederativo por meio do exercício da competência legislativa concorrente** dos entes federados na criação das normas urbanísticas, cabendo à União o estabelecimento das diretrizes gerais; c) o necessário **desenvolvimento sustentável das cidades**, inclusive, explicitando a observância ao princípio da função social da cidade; e d) a **busca pela qualidade de vida** de forma isonômica para todos os habitantes.

Tanto a **propriedade** quanto a **cidade** devem atender à **função social**. Essa necessidade encontra-se expressamente prevista na Constituição Federal: os **arts. 5º, XXIII, 170, III, e 182, §2º**, versam sobre a **função social da propriedade**; e o **art. 182, caput**, deixa claro que um dos objetivos da política de desenvolvimento urbano é ordenar o pleno desenvolvimento das **funções sociais da cidade.**

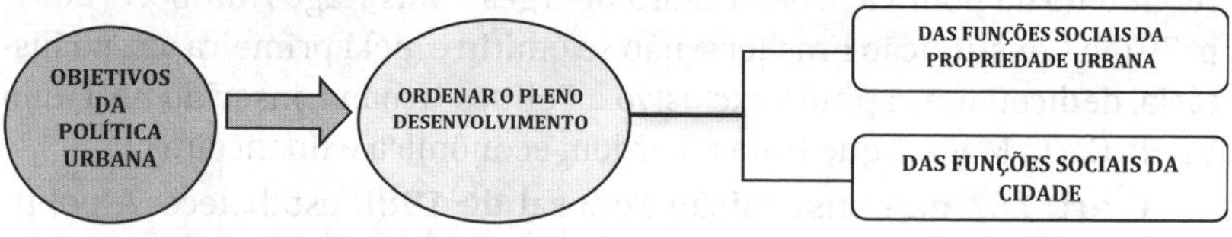

Inicialmente, é importante destacar que as transformações sociais **alteraram a concepção individualista da propriedade**, sendo, **gradativamente, relativizado seu caráter absoluto**. O jurista francês, **Léon Duguit**, foi responsável por iniciar essa mudança conceitual, destacando **a necessidade do cumprimento da função social da propriedade**. Para Duguit, **a propriedade, mais do que um direito, é uma função.**

Enquanto o proprietário cumprir essa função, seus atos estão protegidos; por outro lado, se não atendê-la, a intervenção do Estado é legítima. Por exemplo, se o proprietário não cultiva sua terra ou deixa a casa em ruínas, a intervenção dos governantes será legítima para obrigá-lo a cumprir a função social da propriedade.

A **função social da cidade** é um princípio no qual se concebe a cidade produzida por todos e devendo atender aos interesses da maioria. A ideia central é a **garantia do bem-estar comum**. As funções sociais da cidade são ao mesmo tempo premissas e metas que devem guiar a atuação dos governantes e toda sociedade na construção de uma cidade mais justa.

É nessa perspectiva que a Constituição Federal expressa a obrigatoriedade do **cumprimento da função social da propriedade**, destacando a necessidade do atendimento às exigências fundamentais de ordenação da cidade expressas no **plano diretor**, posto que esse é o instrumento básico da política urbana. Contudo, embora haja essa vinculação constitucional entre o cumprimento da função social da propriedade urbana e o plano diretor, esta norma-princípio vai além. Isso porque, mesmo em Municípios nos quais não exista a obrigatoriedade de instituição de um plano diretor, a propriedade urbana deve ser sempre considerada a partir da observância dos interesses da coletividade, de modo a atender a sua função social.

A **Carta de Atenas (1933)** estabelecia **4 (quatro) funções sociais da cidade: habitação, trabalho, circulação e recreação**. Em 1998, foi redigido um documento intitulado **"A Nova Carta de Atenas"**, atualizado no ano de 2003, de autoria do Conselho Europeu de Urbanistas (CEU). A **Nova Carta ampliou para 10 (dez) as funções socais da cidade:** uma cidade para todos, que deve buscar a inclusão das comunidades por meio da planificação espacial, e medidas sociais e econômicas que por si só devam combater o racismo, a criminalidade e a exclusão social; a cidade participativa, desde o quarteirão, o bairro, o distrito, o cidadão deve possuir espaços de participação pública para a gestão urbana, conectados numa rede de ação local.

A Carta de Atenas é um documento de compromisso, datado de 1933, redigido e assinado por grandes arquitetos e urbanistas internacionais do início do século XX, entre os quais se destaca Le Corbusier. A Carta foi redigida como conclusão do Congresso Internacional de Arquitetos e Técnicos de Monumentos Históricos que teve lugar em Atenas, na Grécia, em outubro de 1931. Ao dar linhas de orientação sobre o exercício e o papel do urbanismo dentro da sociedade, serviu de inspiração à arquitetura contemporânea.

QUADRO COMPARATIVO - FUNÇÕES SOCIAIS DA CIDADE	
CARTA DE ATENAS	**NOVA CARTA DE ATENAS**
- Habitação; - Trabalho; - Circulação; - Recreação.	- Uma cidade para todos; - Envolvimento real; - Contato humano; - Continuidade do caráter; - Benefícios de novas tecnologias; - Aspectos ambientais; - Atividades econômicas; - Movimento e acesso; - Variedade e diversidade; - Saúde e segurança.

No capítulo destinado à política urbana, a Constituição Federal ainda disciplina a **usucapião especial de imóvel urbano** (art. 183 da CF). Esse instituto, também, encontra-se previsto no Estatuto da Cidade (art. 9º) e no Código Civil (art. 1.240) e será detalhado no capítulo II deste livro.

Nos termos do art. 183 da CF "Aquele que possuir como sua área urbana de até duzentos e cinquenta metros quadrados, por cinco anos, ininterruptamente e sem oposição, utilizando-a para sua moradia ou de sua família, adquirir-lhe-á o domínio, desde que não seja proprietário de outro imóvel urbano ou rural. § 1º O título de domínio e a concessão de uso serão conferidos ao homem ou à mulher, ou a ambos, independentemente do estado civil. § 2º Esse direito não será reconhecido ao mesmo possuidor mais de uma vez. § 3º Os imóveis públicos não serão adquiridos por usucapião".

Pela importância do Direito Urbanístico e do Planejamento Urbano, a Constituição Federal, além de destacar um capítulo específico (Capítulo II – Da Política Urbana), ainda permeou seu texto com vários dispositivos, não podendo o intérprete e aplicador da legislação urbanística esquivar-se da análise sistemática do texto constitucional, sob pena de cometer grave omissão e consequente inconstitucionalidade.

DISPOSITIVOS CONSTITUCIONAIS MAIS EXIGÍDOS EM PROVAS (além dos arts. 182 e 183 da CF)
Art. 5º. Todos são iguais perante a lei, sem distinção de qualquer natureza, garantindo-se aos brasileiros e aos estrangeiros residentes no País a inviolabilidade do direito à vida, à liberdade, à igualdade, à segurança e à propriedade, nos termos seguintes: (...) XXIII - a propriedade atenderá a sua função social.
Art. 170. A ordem econômica, fundada na valorização do trabalho humano e na livre iniciativa, tem por fim assegurar a todos existência digna, conforme os ditames da justiça social, observados os seguintes princípios: (...) III - função social da propriedade.
Art. 21. Compete à União: (...) IX - elaborar e executar planos nacionais e regionais de ordenação do território e de desenvolvimento econômico e social; (...) XX - instituir diretrizes para o desenvolvimento urbano, inclusive habitação, saneamento básico e transportes urbanos.
Art. 23. É competência comum da União, dos Estados, do Distrito Federal e dos Municípios: (...) IX - promover programas de construção de moradias e a melhoria das condições habitacionais e de saneamento básico.
Art. 24. Compete à União, aos Estados e ao Distrito Federal legislar concorrentemente sobre: I - direito tributário, financeiro, penitenciário, econômico e urbanístico.
Art. 25. (...) § 3º Os Estados poderão, mediante lei complementar, instituir regiões metropolitanas, aglomerações urbanas e microrregiões, constituídas por agrupamentos de municípios limítrofes, para integrar a organização, o planejamento e a execução de funções públicas de interesse comum.
Art. 30. Compete aos Municípios: I - legislar sobre assuntos de interesse local; (...) VIII - promover, no que couber, adequado ordenamento territorial, mediante planejamento e controle do uso, do parcelamento e da ocupação do solo urbano.

3. PLANEJAMENTO URBANÍSTICO

Segundo José Afonso da Silva (2010, p. 87-88), o **planejamento urbanístico**, em geral, é um **processo técnico instrumentado para transformar a realidade existente, a partir de objetivos previamente estabelecidos**. Antigamente, tal planejamento dependia da simples vontade do administrador; atualmente, tornou-se **obrigatório**, tendo em vista que passou a ser um **mecanismo jurídico** por meio do qual o administrador deverá executar sua atividade governamental, na busca da realização das mudanças necessárias à consecução do desenvolvimento econômico-social.

BASE CONSTITUCIONAL DO PROCESSO DE PLANEJAMENTO URBANÍSTICO
Art. 21. Compete à União: (...) IX - elaborar e executar planos nacionais e regionais de ordenação do território e de desenvolvimento econômico e social.
Art. 174. Como agente normativo e regulador da atividade econômica, o Estado exercerá, na forma da lei, as funções de fiscalização, incentivo e planejamento, sendo este determinante para o setor público e indicativo para o setor privado. § 1º A lei estabelecerá as diretrizes e bases do planejamento do desenvolvimento nacional equilibrado, o qual incorporará e compatibilizará os planos nacionais e regionais de desenvolvimento.
Art. 30. Compete aos Municípios: (...) VIII - promover, no que couber, adequado ordenamento territorial, mediante planejamento e controle do uso, do parcelamento e da ocupação do solo urbano.

O **processo de planejamento urbanístico adquire sentido jurídico quando se traduz em planos urbanísticos.** Ainda de acordo com José Afonso da Silva (2010, p. 92), esses planos são os instrumentos formais que consubstanciam e materializam as determinações e os objetivos previstos no planejamento urbanístico. Enquanto não for traduzido em planos, aprovados por lei, o processo de planejamento não passa de propostas técnicas.

A política urbana, segundo o art. 4º do Estatuto da Cidade, será executada por meio de **planos nacionais, regionais, estaduais e municipais**. O inciso III do mencionado artigo destaca os principais instrumentos que serão utilizados quando do **planejamento municipal**:

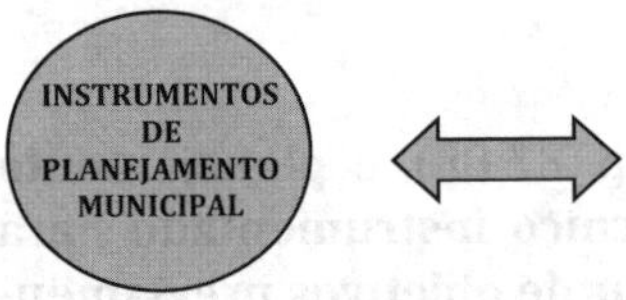

- Plano diretor;
- Disciplina do parcelamento, do uso e da ocupação do solo;
- Zoneamento ambiental;
- Plano plurianual;
- Diretrizes orçamentárias e orçamento anual;
- Gestão orçamentária participativa;
- Planos, programas e projetos setoriais;
- Planos de desenvolvimento econômico e social.

ATENÇÃO

O ***Plano diretor*** *(que será tratado no capítulo II) possui as seguintes características: a) é o* ***instrumento básico*** *da política urbana municipal; b) deve ser* ***aprovado por lei municipal****; c) é parte* ***integrante do processo de planejamento municipal****; d)* ***engloba todo o território do Município****; e) suas diretrizes devem ser incorporadas ao plano plurianual, à lei de diretrizes orçamentárias e à lei orçamentária anual; f) deve ser* ***revisto, pelo menos, a cada 10 (dez) anos.***

4. COMPETÊNCIAS URBANÍSTICAS

A Constituição Federal de 1988, no que concerne à repartição de competências entre os entes federativos, optou por estabelecer as competências materiais (administrativas) e legislativas para a União e para os Municípios, ficando reservadas aos Estados-membros as competências residuais.

O art. 24, I, da CF/88 insere a **competência legislativa concorrente** sobre **Direito Urbanístico,** cabendo à **União** estabelecer as **normas gerais,** e aos **Estados e Municípios** exercerem a competência **suplementar.**

> **ATENÇÃO**
>
> *Com base na **competência legislativa concorrente,** a **União** editou, por exemplo, as seguintes normas gerais: **Lei do Parcelamento do Solo Urbano** (Lei n° 6.766/79), **Estatuto da Cidade** (Lei n° 10.257/01) e **Estatuto da Metrópole** (Lei n° 13.089/15).*
>
> *No âmbito da **competência legislativa concorrente,** os **municípios também podem suplementar a legislação federal**, com fulcro no **art. 30, II, da CF** (art. 30. Compete aos Município: II – suplementar a legislação federal e a estadual no que couber).*
>
> *Importante ainda ressaltar que o **art. 30, I, da CF,** ao estabelecer que compete aos **municípios legislar sobre assuntos de interesse local,** permite que este ente crie normas que atendam às suas peculiaridades, inclusive com a previsão de novos institutos urbanísticos.*

COMPETÊNCIA LEGISLATIVA SOBRE DIREITO URBANÍSTICO

UNIÃO → **NORMAS GERAIS**

ESTADOS E MUNICÍPIOS → **NORMAS SUPLEMENTARES**

No que se refere às **competências materiais (administrativas)** que tratam sobre o Direito Urbanístico, a Carta Magna apresenta **diversos dispositivos constitucionais** que **atribuem de forma diluída as atividades entre os entes federados.**

COMPETÊNCIAS CONSTITUCIONAIS MATERIAIS (ADMINISTRATIVAS) SOBRE DIREITO URBANÍSTICO		
DISPOSITIVOS	**ENTE FEDERADO**	**COMPETÊNCIA MATERIAL (ADMINISTRATIVA)**
Art. 23, IX	**União, Estados, DF e Municípios**	**Promover programas de construção de moradias** e a melhoria das condições habitacionais e de saneamento básico.
Art. 21, IX	**União**	Elaborar e executar **planos nacionais e regionais de ordenação do território** e de desenvolvimento econômico e social.
Art. 21, XX	**União**	Instituir **diretrizes para o desenvolvimento urbano**, inclusive habitação, saneamento básico e transportes urbanos.
Art. 25, §3°	**Estados**	Os **Estados** poderão, mediante lei complementar, **instituir regiões metropolitanas, aglomerações urbanas e microrregiões**, constituídas por agrupamentos de municípios limítrofes, para integrar a organização, o planejamento e a execução de funções públicas de interesse comum.
Art. 182	**Municípios**	A **política de desenvolvimento urbano**, executada pelo **Poder Público municipal**, conforme diretrizes gerais fixadas em lei, tem por objetivo ordenar o pleno desenvolvimento das funções sociais da cidade e garantir o bem-estar de seus habitantes.
Art. 30, VIII	**Municípios**	Promover, no que couber, adequado ordenamento territorial, **mediante planejamento** e controle do uso, do parcelamento e da ocupação do solo urbano

Após o estudo das noções introdutórias (conceitos e princípios; Direito Urbanístico na Constituição Federal; planejamento urbanístico; e competências em matéria urbanística), serão analisados os principais temas que integram o Direito Urbanístico: Estatuto da Cidade, parcelamento do solo urbano, regularização fundiária, Estatuto da Metrópole e instrumentos de controle urbanístico.

5. TÓPICO-SÍNTESE

<table>
<tr><th colspan="3">TÓPICO-SÍNTESE: NOÇÕES INTRODUTÓRIAS AO DIREITO URBANÍSTICO</th></tr>
<tr><td colspan="3">Conceito: O Direito Urbanístico se define como o sistema normativo voltado à ordenação da produção social do espaço urbano, mediante a regulação da atividade urbanística, de modo a efetivar uma política urbana estatal. Possui um conjunto de normas e princípios orientadores, para a realização do planejamento sustentável das cidades, que devem ser respeitados pelo Poder Público e pelos cidadãos, em virtude de serem normas de direito público, de natureza compulsória e cogente.</td></tr>
<tr><td rowspan="2">AUTONOMIA DO DIREITO URBANÍSTICO</td><td>1º CORRENTE</td><td>Parte integrante do Direito Administrativo, decorrente do poder de polícia. Essa corrente ainda tem prevalecido. De todo modo, é cediço que se trata de um ramo do direito público que está ganhando cada vez mais força, em razão do seu aprimoramento e do caráter multidisciplinar.</td></tr>
<tr><td>2º CORRENTE</td><td>Disciplina autônoma, com normas e princípios próprios.</td></tr>
<tr><td rowspan="5">PRINCÍPIOS DO DIREITO URBANÍSTICO</td><td>Função pública do urbanismo</td><td>Consagração da necessidade da imposição de normas de ordem pública, em face de comportamentos privados. O Estado atua no meio social e no domínio privado, para ordenar a realidade no interesse coletivo.</td></tr>
<tr><td>Conformação da propriedade urbana</td><td>O Direito Urbanístico disciplina o conteúdo do direito de propriedade urbana, verificando o que pode e o que não pode ser feito, para que a propriedade urbana cumpra sua função social.</td></tr>
<tr><td>Princípio da coesão dinâmica das normas urbanísticas</td><td>É uma característica das normas do Direito Urbanístico, tendo em vista que se tratam de conjuntos normativos (procedimentos) e não preceitos isolados.</td></tr>
<tr><td>Afetação das mais-valias urbanas ao custo da urbanificação</td><td>É possível exigir que os proprietários beneficiados pela valorização da sua propriedade, em razão da infraestrutura pública realizada em seu entorno (por exemplo, uma obra pública), satisfaçam os gastos realizados pelo Poder Público, recapturando a mais-valia gerada pela capitalização dessa infraestrutura.</td></tr>
<tr><td>Justa distribuição dos benefícios e dos ônus decorrentes da atividade urbanística</td><td>A urbanização deve pautar-se pelo ideal de solidariedade. Os benefícios devem resultar em bem-estar de toda a coletividade, devendo o ônus ser dividido entre todos (princípio da igualdade).</td></tr>
</table>

<table>
<tr><th colspan="2">TÓPICO-SÍNTESE: NOÇÕES INTRODUTÓRIAS AO DIREITO URBANÍSTICO</th></tr>
<tr><td colspan="2">DIREITO URBANÍSTICO NA CONSTITUIÇÃO FEDERAL: Pela leitura do caput do art. 182 da CF, pode-se, a um só tempo, extrair as seguintes conclusões: a) o protagonismo municipal na execução das políticas públicas de planejamento urbano; b) o diálogo interfederativo por meio do exercício da competência legislativa concorrente dos entes federados na criação das normas urbanísticas, cabendo à União o estabelecimento das diretrizes gerais; c) o necessário desenvolvimento sustentável das cidades, inclusive explicitando a observância ao princípio da função social da cidade; e d) a busca pela qualidade de vida de forma isonômica para todos os habitantes.</td></tr>
<tr><td>OBJETIVOS DA POLÍTICA URBANA</td><td>Ordenar o pleno desenvolvimento das funções sociais da propriedade urbana e das funções sociais da cidade. Tanto a propriedade quanto a cidade devem atender a função social (arts. 5º, XXIII, 170, III, e 182, caput e §2º).</td></tr>
<tr><td>FUNÇÃO SOCIAL DA CIDADE E DA PROPRIEDADE URBANA</td><td>É um princípio no qual se concebe a cidade produzida por todos e devendo atender aos interesses da maioria. A ideia central é a garantia do bem-estar comum. As funções sociais da cidade são ao mesmo tempo premissas e metas que devem guiar a atuação dos governantes e toda sociedade na construção de uma cidade mais justa.

É nessa perspectiva que a Constituição Federal expressa a obrigatoriedade do cumprimento da função social da propriedade, destacando a necessidade do atendimento às exigências fundamentais de ordenação da cidade expressas no plano diretor, posto que esse é o instrumento básico da política urbana.</td></tr>
<tr><td colspan="2">Pela importância do Direito Urbanístico e do Planejamento Urbano, a Constituição Federal, além de destacar um capítulo específico (Capítulo II – Da Política Urbana), ainda permeou seu texto com vários dispositivos, não podendo o interprete e aplicador da legislação urbanística esquivar-se da análise sistemática do texto constitucional, sob pena de cometer grave omissão e consequente inconstitucionalidade. Seguem os dispositivos constitucionais mais exigidos em provas: art. 5º, XXIII; art. 170, III; art. 21, IX e XX; art. 23, IX; art. 24, I; art. 25, §3º; art. 30, I, VIII; art. 182 e art. 183.</td></tr>
<tr><td colspan="2">PLANEJAMENTO URBANÍSTICO: O Planejamento Urbanístico, em geral, é um processo técnico instrumentado para transformar a realidade existente, a partir de objetivos previamente estabelecidos. Antigamente, tal planejamento dependia da simples vontade do administrador; atualmente, tornou-se obrigatório, tendo em vista que passou a ser um mecanismo jurídico por meio do qual o administrador deverá executar sua atividade governamental.

O processo de planejamento urbanístico adquire sentido jurídico quando se traduz em planos urbanísticos. Esses planos são os instrumentos formais que consubstanciam e materializam as determinações e os objetivos previstos no Planejamento Urbanístico. Enquanto não for traduzido em planos, aprovados por lei, o processo de planejamento não passa de propostas técnicas.</td></tr>
<tr><td>INSTRUMENTOS DE PLANEJAMENTO MUNICIPAL</td><td>Nos termos do art. 4º do Estatuto da Cidade, a política urbana será executada por meio de planos nacionais, regionais, estaduais e municipais. O inciso III do mencionado artigo destaca os principais instrumentos que serão utilizados quando do planejamento municipal: Plano diretor; Disciplina do parcelamento, do uso e da ocupação do solo; Zoneamento ambiental; Plano plurianual; Diretrizes orçamentárias e orçamento anual; Gestão orçamentária participativa; Planos, programas e projetos setoriais; Planos de desenvolvimento econômico e social.</td></tr>
</table>

<table>
<tr><th colspan="3">TÓPICO-SÍNTESE: NOÇÕES INTRODUTÓRIAS AO DIREITO URBANÍSTICO</th></tr>
<tr><th colspan="3">COMPETÊNCIAS URBANÍSTICAS</th></tr>
<tr><td>COMPETÊNCIAS LEGISLATIVAS</td><td colspan="2">O art. 24, I, da CF/88 insere a **competência legislativa concorrente** sobre **Direito Urbanístico**, cabendo à União estabelecer as **normas gerais**, e aos **Estados e Municípios** exercerem a competência **suplementar.**

Com base nessa **competência legislativa concorrente,** a **União** editou, por exemplo, as seguintes normas gerais: **Lei do Parcelamento do Solo Urbano** (Lei n° 6.766/79), **Estatuto da Cidade** (Lei n° 10.257/01) e **Estatuto da Metrópole** (Lei n° 13.089/15). Ressalte-se que os **municípios também podem suplementar a legislação federal**, com fulcro no art. 30, II, da CF (art. 30. Compete aos Município: II – suplementar a legislação federal e a estadual no que couber).</td></tr>
<tr><td rowspan="7">COMPETÊNCIAS MATERIAIS (ADMINISTRATIVAS)</td><td colspan="2">A Carta Magna apresenta **diversos dispositivos constitucionais** que **atribuem de forma diluída as atividades entre os entes federados.**</td></tr>
<tr><td>Todos os entes (art. 23, IX, CF)</td><td>**Promover programas de construção de moradias** e a melhoria das condições habitacionais e de saneamento básico.</td></tr>
<tr><td>União (art. 21, IX, CF)</td><td>Elaborar e executar **planos nacionais e regionais de ordenação do território** e de desenvolvimento econômico e social</td></tr>
<tr><td>União (art. 21, XX, CF)</td><td>Instituir **diretrizes para o desenvolvimento urbano**, inclusive, habitação, saneamento básico e transportes urbanos.</td></tr>
<tr><td>Estados (art. 25, §3º, CF)</td><td>Os **Estados** poderão, mediante lei complementar, **instituir regiões metropolitanas, aglomerações urbanas e microrregiões**, constituídas por agrupamentos de municípios limítrofes, para integrar a organização, o planejamento e a execução de funções públicas de interesse comum.</td></tr>
<tr><td>Municípios (art. 182, CF)</td><td>A **política de desenvolvimento urbano**, executada pelo **Poder Público municipal**, conforme diretrizes gerais fixadas em lei, tem por objetivo ordenar o pleno desenvolvimento das funções sociais da cidade e garantir o bem-estar de seus habitantes.</td></tr>
<tr><td>Municípios (art. 30, VIII, CF)</td><td>Promover, no que couber, adequado ordenamento territorial, **mediante planejamento** e controle do uso, do parcelamento e da ocupação do solo urbano.</td></tr>
</table>

Capítulo

2

ESTATUTO DA CIDADE (LEI Nº 10.257/2001)

Leia a Lei:

- *Arts. 1º a 52 da Lei 10.257/01; 1.240 e 1.243 do Código Civil; 5º, 21 a 25, 30, XXIII, 170, III, 182 e 183, da CF/88.*

1. INTRODUÇÃO

Desde a Constituição Federal de 1988, o Direito Urbanístico brasileiro tem adquirido intenso substrato normativo em todas as esferas federativas, de modo a garantir a efetividade da organização planejada do espaço urbano, com a finalidade de alcançar o bem-estar de seus habitantes.

Coube à **Lei Federal nº 10.257/01**, denominada de **Estatuto da Cidade, regulamentar os arts. 182 e 183 da CF/88**, que compõem o capítulo da Política Urbana, fixando **normas gerais para a ordenação do pleno desenvolvimento das funções sociais da cidade e da propriedade urbana:** "Art. 182. A política de desenvolvimento urbano, executada pelo Poder Público municipal, conforme diretrizes gerais fixadas em lei, tem por objetivo ordenar o pleno desenvolvimento das funções sociais da cidade e garantir o bem-estar de seus habitantes. Art. 183. Aquele que possuir como sua área urbana de até duzentos e cinquenta metros quadrados, por cinco anos, ininterruptamente e sem oposição, utilizando-a para sua moradia ou de sua família, adquirir-lhe-á o domínio, desde que não seja proprietário de outro imóvel urbano ou rural".

Frise-se, contudo, que o fundamento constitucional do Estatuto da Cidade não está alicerçado unicamente nos dispositivos da Carta Magna acima transcritos, mas também nos **arts. 5º, XXIII, e 170, III**, consectários do postulado da função social da propriedade.

CONSECTÁRIOS CONSTITUICONAIS DO POSTULADO DA FUNÇÃO SOCIAL DA PROPRIEDADE
Art. 5º. Todos são iguais perante a lei, sem distinção de qualquer natureza, garantindo-se aos brasileiros e aos estrangeiros residentes no País a inviolabilidade do direito à vida, à liberdade, à igualdade, à segurança e à propriedade, nos termos seguintes: (...) XXIII - **a propriedade atenderá a sua função social**.
Art. 170. A ordem econômica, fundada na valorização do trabalho humano e na livre iniciativa, tem por fim assegurar a todos existência digna, conforme os ditames da justiça social, observados os seguintes princípios: (...) III - **função social da propriedade.**

O Estatuto da Cidade, no seu art. 1º, parágrafo único, ao regulamentar a determinação constitucional, estabelece **normas de ordem pública** e **interesse social** que **regulam o uso da propriedade urbana,** com o objetivo primordial de resguardar: a) o **bem coletivo**; b) a **segurança** e o **bem-estar dos cidadãos**; c) o **equilíbrio ambiental**.

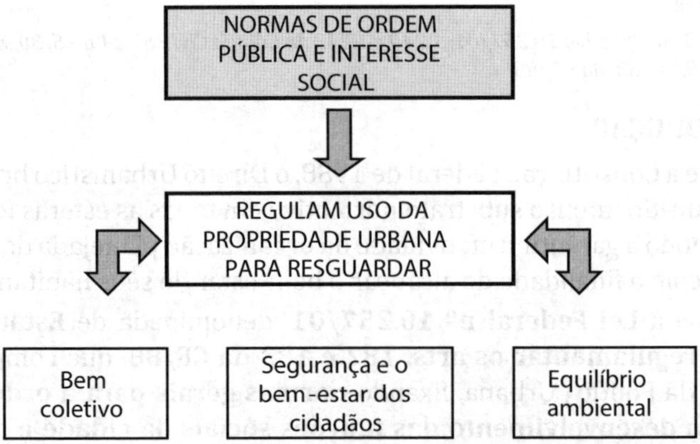

> **ATENÇÃO**
>
> *O Estatuto da Cidade é **lei federal,** e, nessa qualidade, **estabelece normas gerais de observância obrigatória por todos ente federados, das três esferas de poder.***

As normas gerais delineadas no Estatuto da Cidade podem ser decompostas basicamente em três grandes grupos, a serem estudados ao longo dessa obra:

DIVISÃO DAS NORMAS GERAIS PREVISTAS NO ESTATUTO DA CIDADE		
Arts. 2º e 3º	**Arts. 4º a 42-A**	**Arts. 43 a 45**
Objetivos e diretrizes gerais da política urbana e a **Competência da União em matéria urbanística.**	**Instrumentos** da política urbana.	**Gestão democrática** da cidade.

1.1. Objetivos e diretrizes gerais da política urbana

A **política urbana** descrita no art. 182, caput, da CF/88, a ser executada pelo Poder Público municipal, a partir da observância compulsória das normas gerais delineadas pelo legislador federal no Estatuto da Cidade, temo primordial **objetivo** de **ordenar o pleno desenvolvimento das funções sociais da cidade e da propriedade urbana** (art. 2º, caput).

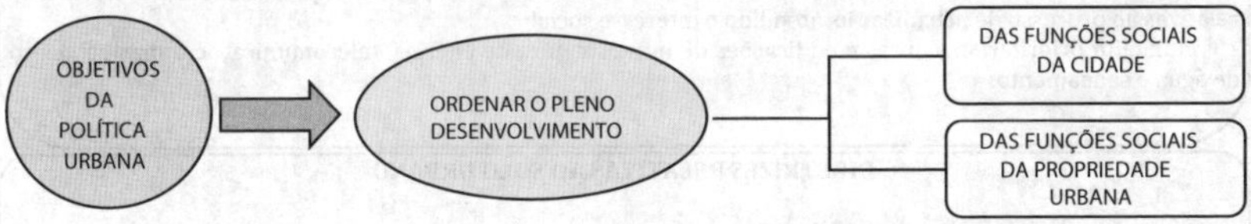

As **funções sociais da propriedade e da cidade** buscam o necessário equilíbrio entre os interesses público e privado no território urbano, de modo a garantir o bem-estar da coletividade.

Para possibilitar o alcance desses objetos da política urbana, nos incisos do art. 2º do Estatuto da Cidade, o legislador federal listou **diretrizes gerais** que possuem o papel de guia na interpretação das normas de Direito Urbanístico e na concretização das funções sociais das cidades e da propriedade urbana pelos administradores públicos.

Nesse sentido, José dos Santos Carvalho Filho (2013 p. 27) definiu as **diretrizes gerais** do Estatuto da Cidade como "o conjunto de situações urbanísticas de fato e de direito a serem alvejadas pelo Poder Público no intuito de constituir, melhorar, restaurar e preservar a ordem urbanística, de modo a assegurar o bem-estar das comunidades em geral".

Com objetivo de facilitar a memorização por parte do leitor, será adotada a clássica e didática **divisão das diretrizes gerais da política urbana, em cinco grupos**, desenvolvida pelo supracitado autor (CARVALHO, 2013, p. 30-32):

DIRETRIZES SOCIAIS

- **Garantia do direito a cidades sustentáveis** (direito à terra urbana, à moradia, ao saneamento ambiental, à infraestrutura urbana, ao transporte e aos serviços públicos, ao trabalho e ao lazer);
- **Gestão democrática por meio** da participação da população e de associações representativas;
- **Cooperação entre os governos, a iniciativa privada e os demais setores da sociedade**;
- **Justa distribuição dos benefícios e ônus decorrentes do processo de urbanização**;
- Audiência do Poder Público municipal e da população interessada nos processos de implantação de empreendimentos ou atividades com efeitos potencialmente negativos;
- **Garantia de condições condignas de acessibilidade, utilização e conforto nas dependências internas das edificações urbanas**, inclusive nas destinadas à moradia e ao serviço dos trabalhadores domésticos, observados requisitos mínimos de dimensionamento, ventilação, iluminação, ergonomia, privacidade e qualidade dos materiais empregados.

DIRETRIZES GOVERNAMENTAIS

- **Planejamento do desenvolvimento das cidades**, de modo a evitar e corrigir as distorções do crescimento urbano e seus efeitos negativos sobre o meio ambiente;
- **Oferta de equipamentos urbanos e comunitários**, transporte e serviços públicos adequados;
- **Integração e complementaridade entre as atividades urbanas e rurais**;
- Adoção de padrões de produção e consumo de bens e serviços e de expansão urbana;
- **Proteção, preservação e recuperação do meio ambiente** natural e construído, do **patrimônio cultural, histórico, artístico, paisagístico** e **arqueológico**;
- Isonomia de condições para os agentes públicos e privados na promoção de empreendimentos e atividades relativas ao processo de urbanização, atendido o interesse social;
- Tratamento prioritário às obras e edificações de infraestrutura de energia, telecomunicações, abastecimento de água e saneamento.

DIRETRIZES RELATIVAS AO SOLO URBANO

- **Ordenação e controle do uso do solo;**
- **Estímulo à utilização**, nos parcelamentos do solo e nas edificações urbanas, de **sistemas operacionais, padrões construtivos e aportes tecnológicos** que objetivem a redução de impactos ambientais e a economia de recursos naturais.

DIRETRIZES ECONÔMICO-FINANCEIRAS

- Adequação dos instrumentos de política econômica, tributária e financeira e dos gastos públicos aos objetivos do desenvolvimento urbano;
- Recuperação dos investimentos do Poder Público de que tenha resultado a valorização de imóveis urbanos.

DIRETRIZES JURÍDICAS

- **Simplificação da legislação de parcelamento, uso e ocupação do solo** e das normas edilícias, com vistas a permitir a redução dos custos e o aumento da oferta dos lotes e unidades habitacionais.

Atente-se que a **Lei nº 13.669, de 02 de agosto de 2018, acrescentou o inciso XIX ao art. 2º do EC**, para instituir uma **nova diretriz geral da política urbana**, de modo a garantir **condições condignas de acessibilidade, utilização e conforto nas dependências internas das edificações urbanas**, por meio da observância de requisitos mínimos de dimensionamento, ventilação, iluminação, ergonomia, privacidade e qualidade dos materiais empregados.

Dentre as diretrizes gerais para a execução da política urbana é relevante destacar as seguintes: **direito a cidades sustentáveis, gestão democrática, cooperação entre os governos, planejamento das cidades** e **ordenação e controle do uso do solo.**

1.2. Competências legislativas e administrativas da União em matéria urbanística

O art. 3º, do Estatuto da Cidade, estabelece as competências legislativas e administrativas da União em relação à política urbana. Nota-se que a lei federal reproduziu quase que de forma integral as competências fixadas nos **arts. 21, XX, 23, IX e parágrafo único, e 24, I, da Constituição Federal**.

Dessa forma, com objetivo de facilitar a compreensão da matéria, segue quadro comparativo entre as competências estabelecidas na Constituição Federal e no Estatuto da Cidade, com destaque nas passagens que encerram as diferenças entre os dois textos normativos:

	QUADRO COMPARATIVO - COMPETÊNCIAS DA UNIÃO EM MATÉRIA URBANÍSTICA	
	CONSTITUIÇÃO FEDERAL	**X ESTATUTO DA CIDADE**
COMPETÊNCIAS LEGISLATIVAS	Art. 24. Compete à União, aos Estados e ao Distrito Federal legislar concorrentemente sobre: I - direito tributário, financeiro, penitenciário, econômico e urbanístico.	Art. 3º Compete à União: I – legislar sobre normas gerais de Direito Urbanístico.
	Art. 23. Parágrafo único. Leis complementares fixarão normas para a cooperação entre a União e os Estados, o Distrito Federal e os Municípios, tendo em vista o equilíbrio do desenvolvimento e do bem-estar em âmbito nacional.	Art. 3º Compete à União: II – legislar sobre normas para a cooperação entre a União, os Estados, o Distrito Federal e os Municípios em relação à política urbana, tendo em vista o equilíbrio do desenvolvimento e do bem-estar em âmbito nacional.

<table>
<tr><th></th><th colspan="2">QUADRO COMPARATIVO - COMPETÊNCIAS DA UNIÃO EM MATÉRIA URBANÍSTICA</th></tr>
<tr><th></th><th>CONSTITUIÇÃO FEDERAL</th><th>X ESTATUTO DA CIDADE</th></tr>
<tr><td rowspan="2">COMPETÊNCIAS ADMINISTRATIVAS</td><td>Art. 23. É competência comum da União, dos Estados, do Distrito Federal e dos Municípios: IX - promover programas de construção de moradias e a melhoria das condições habitacionais e de saneamento básico.</td><td>Art. 3º Compete à União: III - promover, por iniciativa própria e em conjunto com os Estados, o Distrito Federal e os Municípios, programas de construção de moradias e melhoria das condições habitacionais, de saneamento básico, das calçadas, dos passeios públicos, do mobiliário urbano e dos demais espaços de uso público.</td></tr>
<tr><td>Art. 21. Compete à União: XX - instituir diretrizes para o desenvolvimento urbano, inclusive habitação, saneamento básico e transportes urbanos.</td><td>Art. 3º Compete à União: IV - instituir diretrizes para desenvolvimento urbano, inclusive habitação, saneamento básico, transporte e mobilidade urbana, que incluam regras de acessibilidade aos locais de uso público; e V – elaborar e executar planos nacionais e regionais de ordenação do território e de desenvolvimento econômico e social.</td></tr>
</table>

Conforme demonstrado no capítulo I, apesar da Constituição Federal ter atribuído a competência legislativa concorrente em matéria de Direito Urbanístico à União, aos Estados e ao Distrito Federal (art. 24, I, e §1º a §4º, da CF), foi delegada aos **Municípios a competência para legislar sobre essa temática em assuntos de interesse local** ("Art. 30. Compete aos Municípios: I - legislar sobre assuntos de interesse local; II – suplementar a legislação federal e a estadual no que couber"), desde que o regramento seja harmônico com a disciplina estabelecida pelos demais entes federados.

POSIÇÃO DO STF

"Interpretação da Lei municipal paulista 14.223/2006. Competência municipal para legislar sobre assuntos de interesse local. (...) O acórdão recorrido assentou que a Lei municipal 14.223/2006 – denominada Lei Cidade Limpa – trata de assuntos de interesse local, entre os quais, a ordenação dos elementos que compõem a paisagem urbana, com vistas a evitar a poluição visual e bem cuidar do meio ambiente e do patrimônio da cidade" (AI 799.690 AgR, rel. min. Rosa Weber, j. 10-12-2013, 1º T, DJE de 3-2-2014).

Apesar das competências legislativas e administrativas da União já analisadas, a Constituição Federal (art. 182, caput) **atribuiu, primordialmente, ao Poder Público municipal a responsabilidade pela promoção do ordenamento territorial e execução das políticas urbanas,** respeitando as diretrizes gerais fixadas no Estatuto da Cidade.

2. INSTRUMENTOS DA POLÍTICA URBANA

No art. 4º do Estatuto da Cidade o legislador federal previu os **instrumentos a serem utilizados para a concretização da política urbana**, de modo a tornar mais eficaz a gestão das cidades, bem como garantir a aplicabilidade dos arts. 182 e 183 da Constituição Federal.

Nos dizeres de José dos Santos Carvalho Filho (2013, p. 81), esses instrumentos são "meios, gerais ou específicos, de que se servem o Poder Público e as comunidades interessadas para dar concretização às diretrizes gerais de política urbana, visando propiciar processo de urbanização mais eficiente e melhor qualidade de vida aos integrantes da coletividade".

INSTRUMENTOS DA POLÍTICA URBANA
- Planos nacionais, regionais e estaduais de ordenação do território e de desenvolvimento econômico e social;
- Planejamento das regiões metropolitanas, aglomerações urbanas e microrregiões;
- Planejamento municipal, em especial: a) **plano diretor**; b) disciplina do parcelamento, do uso e da ocupação do solo; c) zoneamento ambiental; d) plano plurianual; e) diretrizes orçamentárias e orçamento anual; f) gestão orçamentária participativa; g) planos, programas e projetos setoriais; h) planos de desenvolvimento econômico e social;
- Institutos tributários e financeiros: a) **Imposto sobre a Propriedade Predial e Territorial Urbana (IPTU)**; b) contribuição de melhoria; c) incentivos e benefícios fiscais e financeiros;
- Institutos jurídicos e políticos: a) **desapropriação**; b) servidão administrativa; c) limitações administrativas; d) tombamento de imóveis ou de mobiliário urbano; e) instituição de unidades de conservação; f) instituição de zonas especiais de interesse social; g) concessão de direito real de uso; h) concessão de uso especial para fins de moradia; i) **parcelamento, edificação ou utilização compulsórios**; j) **usucapião especial de imóvel urbano**; l) **direito de superfície**; m) **direito de preempção**; n) **outorga onerosa do direito de construir e de alteração de uso**; o) **transferência do direito de construir**; p) **operações urbanas consorciadas**; q) regularização fundiária; r) assistência técnica e jurídica gratuita para as comunidades e grupos sociais menos favorecidos; s) referendo popular e plebiscito; t) demarcação urbanística para fins de regularização fundiária; u) legitimação de posse.
- Estudo p**révio de Impacto Ambiental (EIA) e Estudo pr**évio de Impacto de Vizinhança (EIV).

ATENÇÃO

O rol de instrumentos a serem utilizados na concretização das diretrizes gerais da política urbana é ***exemplificativo****, sendo possível a criação de outros instrumentos específicos.*

Para garantir a aplicação efetiva dos instrumentos acima elencados é fundamental que o Poder Público municipal elabore legislações próprias (como, por exemplo, o plano diretor), sendo, contudo, de observância compulsória as normas gerais previstas no Estatuto da Cidade (art. 4º, §1º, do EC).

A concretização dos instrumentos que necessitam de dispêndio de recursos financeiros por parte do Município se submeterá a um necessário **controle social**, com **participação da comunidade, movimentos e entidades da sociedade civil.** Trata-se da efetivação da gestão democrática das cidades, que norteia as políticas urbanas (art. 4º, §3º, do EC).

2.1. Parcelamento, edificação ou utilização compulsórios. IPTU progressivo no tempo. Desapropriação com pagamento em títulos (desapropriação urbanística sancionatória)

A Constituição Federal previu, no art. 182, §4º, **três instrumentos** que podem ser adotados pelo Município, sucessivamente, para compelir o **proprietário do solo urbano não edificado, subutilizado** ou **não utilizado**, mediante **lei específica para área incluída no plano diretor**, a promover seu adequado aproveitamento. São eles: **parcelamento, edificação ou utilização compulsórios**; **IPTU progressivo no tempo** e **desapropriação com pagamento de títulos (desapropriação urbanística sancionatória).**

Nos termo do art. 182, §4º, da CF: "É facultado ao Poder Público municipal, mediante lei específica para área incluída no plano diretor, exigir, nos termos da lei federal, do proprietário do solo urbano não edificado, subutilizado ou não utilizado, que promova seu adequado aproveitamento, sob pena, sucessivamente, de: I - parcelamento ou edificação compulsórios; II - imposto sobre a propriedade predial e territorial urbana progressivo no tempo; III - desapropriação com pagamento mediante títulos da dívida pública de emissão previamente aprovada pelo Senado Federal, com prazo de resgate de até dez anos, em parcelas anuais, iguais e sucessivas, assegurados o valor real da indenização e os juros legais".

Trata-se de uma imposição ao proprietário, a fim de garantir a função social da propriedade e o melhor aproveitamento do solo urbano. A ordem constitucional passou a proibir o não uso ou o subuso da propriedade, com objetivo de beneficiar toda a coletividade.

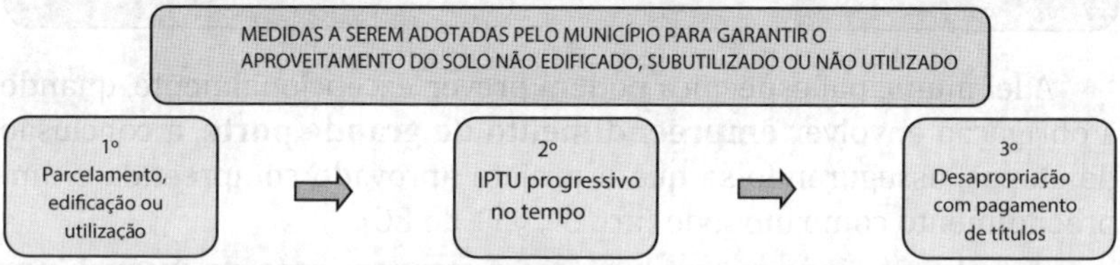

A partir dos contornos delineados pela Constituição Federal, o Estatuto da Cidade estabeleceu a disciplina dos três instrumentos acima descritos, nos arts. 5º a 8º.

O **parcelamento, edificação ou utilização compulsórios** do solo urbano não edificado, subutilizado ou não utilizado, é uma obrigação de fazer que incide somente em **áreas incluídas no plano diretor** e depende de **lei municipal** para definir as condições e prazos para sua implementação.

ATENÇÃO

Considera-se ***subutilizado*** *o imóvel cujo aproveitamento seja inferior ao mínimo definido no plano diretor ou em legislação dele decorrente (art. 5º, caput e §1º, do EC).*

O início do procedimento consiste na verificação por parte do Município da existência de área incluída no plano diretor, não edificada, subutilizada ou não utilizada, passível de exigência compulsória do seu aproveitamento, com base em lei municipal. Ato contínuo, mediante **notificação direcionada ao proprietário**, devidamente **averbada em cartório de registro de imóveis**, este será compelido a parcelar, edificar ou utilizar compulsoriamente a sua área (Art. 5º, caput e §2º, do EC).

Essa notificação será realizada, pessoalmente, por funcionário do órgão competente do Município diretamente ao proprietário do imóvel ou aquele que tenha poderes de gerência/administração, no caso de pessoa jurídica. Se frustrada por três vezes a notificação pessoal, far-se-á por edital. **Os prazos de cumprimento da obrigação, a serem estabelecidos em lei, não poderão ser inferiores aos seguintes** (art. 5º, §3º e §4º, do EC):

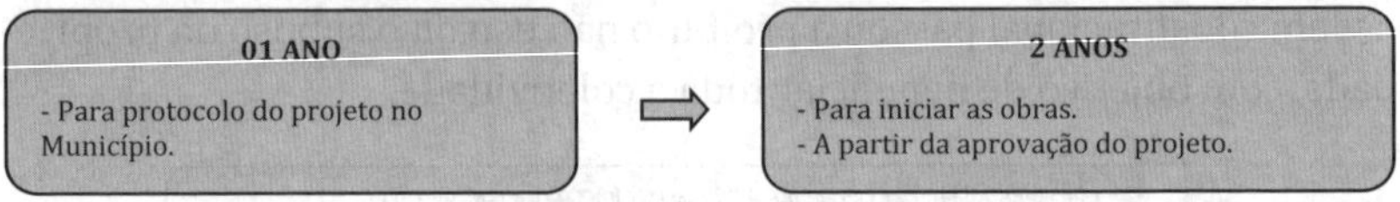

A lei municipal específica poderá prever, excepcionalmente, quando a obrigação envolver **empreendimento de grande porte**, a conclusão de etapas, assegurando-se que o projeto aprovado compreenda o empreendimento como um todo (art. 5º, §5º, do EC).

Ressalte-se ainda que na hipótese de **transmissão do imóvel, por ato *inter vivos* ou *causa mortis*,** as obrigações de parcelamento, edificação ou utilização compulsórios, são transmitidas sem quaisquer interrupções de prazos (art. 6º do EC).

ATENÇÃO

*O art. 46 do EC prevê a faculdade do proprietário de área submetida a parcelamento, uso e edificação compulsórios, ou objeto de regularização fundiária urbana, o estabelecimento de **consórcio imobiliário,** de modo a viabilizar financeiramente o aproveitamento do imóvel.*

Considera-se consórcio imobiliário a forma de viabilização de planos de urbanização, de regularização fundiária ou de reforma, conservação ou construção de edificação por meio da qual o proprietário transfere ao Poder Público Municipal seu imóvel e recebe como pagamento, após a realização das obras, unidades imobiliárias devidamente urbanizadas ou edificadas.

O **IPTU progressivo no tempo** é um instrumento da política urbana que consiste na **majoração da alíquota do imposto predial territorial urbano pelo prazo de 05 (cinco) anos consecutivos** (art. 7º do EC). Sua incidência ocorrerá na hipótese de descumprimento pelo particular das condições e prazos impostos pelo Município no que se refere ao parcelamento, edificação ou utilização compulsórios do solo não edificado, subutilizado ou não utilizado.

O **valor da alíquota** a ser aplicada a cada ano será **estabelecido por lei municipal específica**. Esse montante anual, nos termos do art. 7º, §1º, do EC, **não poderá exceder duas vezes o valor referente ao ano anterior** e nem ultrapassar a **alíquota máxima de 15%** (quinze por cento) sobre o valor venal do imóvel.

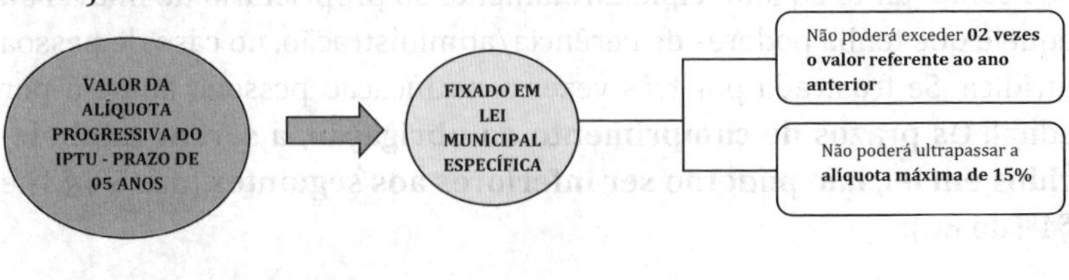

Se, mesmo após o transcurso do prazo de 05 (cinco) anos de aplicação dos aumentos sucessivos das alíquotas do IPTU, a obrigação de parcelar, edificar ou utilizar não tenha sido atendida, o Município manterá a cobrança do tributo pela alíquota máxima, até que se cumpra integralmente a referida obrigação (art. 7º do EC).

ATENÇÃO

O Estatuto da Cidade, a fim de dar efetividade ao instrumento do IPTU progressivo, ***vedou a concessão de isenções ou anistia relativas à tributação progressiva*** *(art. 7º, §3º).*

Destaque-se que o IPTU progressivo, criado como instrumento de preservação da ordem urbanística da cidade, possui **natureza extrafiscal**. Isso porque, nesse caso, o Município não visa apenas à arrecadação (tributos de natureza fiscal), mas sim, a intervenção no domínio social e econômico para garantir o respeito às funções sociais da propriedade e cidade.

A **desapropriação com pagamento em títulos**, também denominada de **desapropriação urbanística sancionatória**, é o terceiro instrumento que pode ser utilizado, sucessivamente, pelo Município para efetivação do parcelamento, edificação ou utilização compulsórios do solo urbano. **Caso transcorridos os 05 (cinco) anos de cobrança do IPTU progressivo sem que o proprietário tenha cumprido a obrigação imposta**, o Poder Público municipal poderá realizar a desapropriação do imóvel, mediante o pagamento com títulos da dívida pública (art. 8º, caput, do EC).

Trata-se de espécie de **desapropriação urbanística sancionatória**, concretizando uma intervenção na propriedade privada em razão do descumprimento da função social da propriedade, de **competência exclusiva do Município**.

Para José Afonso da Silva (2010, p. 409), a desapropriação urbanística caracteriza-se como um instrumento de realização da política do solo urbano em função da execução do planejamento urbanístico. Não se trata de um simples instrumento de transferência de imóveis, e sim, um instrumento destinado a obter determinada utilização positiva desses bens, na forma prefixada pelas normas do plano urbanístico.

Para o aludido autor (SILVA, 2010, p. 413), a desapropriação prevista no **art. 182, §4º, da CF/88**, de terreno não edificado, subutilizado ou não utilizado, quando seu proprietário não cumpre determinação do Poder Público para sua adequação, é denominada **desapropriação-sanção urbanística**, que visa o restabelecimento da legalidade urbanística ou evitar o descumprimento das normas que contêm obrigações dos proprietários.

ATENÇÃO

*A **desapropriação-sanção**, decorrente do descumprimento de obrigações urbanísticas pelo proprietário, com previsão no art. 182, §4º, III, da CF e art. 8º, do EC, não se confunde com a desapropriação de interesse social ou de utilidade pública, prevista nos arts. 5º, XXIV, e 182, §3º, ambos da CF.*

Importa destacar que a efetivação da desapropriação com pagamentos de títulos, diferente dos outros dois instrumentos estudados anteriormente (parcelamento, edificação ou utilização compulsórios e IPTU progressivo no tempo), é **facultativa**. O Município tem a faculdade de optar pela manutenção do IPTU pela alíquota máxima, até que o proprietário cumpra integralmente a obrigação (parcelar, edificar ou utilizar o solo).

Os **títulos da dívida pública**, que serão utilizados como pagamento da indenização decorrente da desapropriação, possuem as seguintes características: a) prévia aprovação pelo Senado Federal; b) serão resgatados no prazo de 10 (dez) anos; c) o resgate será em prestações anuais, iguais e sucessivas; d) serão assegurados o valor real da indenização e os juros legais de 6% (seis por cento) ao ano (art. 182, §4º, III, da CF e art. 8º, §1º, do EC).

O **valor real da indenização,** a ser adimplida pelo Poder Público em função da desapropriação sancionatória, deve respeitar os parâmetros estabelecidos no art. 8º, §2º, do EC:

PARÂMETROS DO VALOR REAL DA INDENIZAÇÃO

Valor da base de cálculo do IPTU, descontado os valores aplicados em de obras realizadas pelo Poder Público na área do imóvel, após a notificação obrigando o seu correto aproveitamento (art.8º, §2º, EC).

Não serão computados:

- **Lucros cessantes;**
- **Juros compensatórios;**
- **Expectativas de ganhos**

ATENÇÃO

*Importa destacar que a lei municipal específica não poderá conferir aos títulos da dívida pública **poder liberatório para pagamento de tributos**, ou seja, não é possível utilizá-los para adimplir dívidas tributárias (art. 8º, §3º, do EC).*

A efetivação da desapropriação urbanística sancionatória faz surgir uma **obrigação** ao Município: **proceder ao adequado aproveitamento do imóvel no prazo máximo de 5 (cinco) anos**, contados da incorporação ao patrimônio. Para tanto, o Poder Público poderá efetivar o aproveitamento **diretamente** ou por meio de **alienação** ou **concessão a terceiros**, por meio de procedimento licitatório. Nesse segundo caso, o adquirente do imóvel assumirá as mesmas obrigações de parcelar, edificar ou utilizar a propriedade em questão (art. 8º, §4º a §6º, do EC).

Cabe registrar que a desapropriação urbanística sancionatória carece de uma disciplina própria, devendo ser aplicado, no que couber, a disciplina geral das desapropriações, prevista no Decreto-Lei nº 3.365/41.

Incorre em **improbidade administrativa** o Prefeito que deixar de proceder, no prazo de 05 (cinco) anos, ao adequado aproveitamento do imóvel incorporado ao patrimônio público por força da desapropriação urbanística sancionatória (art. 52, II, do EC).

EXIGÊNCIAS PARA DESAPROPRIAÇÃO URBANÍSTCIA SANCIONATÓRIA
1. é de **competência exclusiva dos Municípios** (art. 182, §4ª, da CF/88 e art. 8º do Estatuto da Cidade);
2.depende da **existência de um plano diretor** que defina as exigências fundamentais de ordenação da cidade (art. 182, §§ 1º e 2º da CF/88);
3. necessita ser precedida de **lei municipal específica**, devendo fixar as condições e os prazos para implementação da referida obrigação (art. 5º do Estatuto da Cidade);
4. somente pode ser aplicada **após prévias tentativas** de **parcelamento ou edificação compulsórios** e aplicação do **IPTU progressivo no tempo** (art. 182, §4ª, da CF/88);
5. pagamento mediante títulos da dívida pública de emissão previamente aprovada pelo Senado Federal, com prazo de resgate de até dez anos, em parcelas anuais, iguais e sucessivas, assegurados o valor real da indenização e os juros legais de seis por cento ao ano (art. 182, §4º, III, da CF/88 e art. 8º, §1º, do Estatuto da Cidade).

2.2. Usucapião especial de imóveis urbanos individual e coletiva

Antes de adentrar ao estudo desse instrumento, importa aclarar que a **usucapião** é um modo de aquisição originária da propriedade, que se dá pela **posse prolongada da coisa**, **de acordo com os requisitos legais**, sendo também denominada de **prescrição aquisitiva.**

ATENÇÃO

*Os **imóveis públicos não** podem ser adquiridos por **usucapião** (art. 183, §3º, da CF; art. 102, CC; e Súmula 340 do STF).*

A jurisprudência do Superior Tribunal de Justiça (STJ) é sedimentada no sentido de que o **particular que invade bem público tem apenas detenção do imóvel em relação ao ente estatal**, não sendo possível adquiri-lo por usucapião ou manejar ações possessórias contra o Poder Público. Por outro lado, **é possível o manejo de interditos possessórios no litígio entre particulares, mesmo tratando-se de imóveis situados em terras públicas**.

POSIÇÃO DO STJ

"(...) 1. Na ocupação de bem público, duas situações devem ter tratamento distintos: i) aquela em que o particular invade imóvel público e almeja proteção possessória ou indenização/retenção em face do ente estatal; ii) as contendas possessórias entre particulares no tocante a imóvel situado em terras públicas. (...) 3. A jurisprudência do STJ é sedimentada no sentido de que o particular tem apenas detenção em relação ao Poder Público, não se cogitando proteção possessória. 4. É possível manejo de interditos possessórios em litígio entre particulares sobre bem público dominical, pois entre ambos a disputa será relativa à posse. (...)" (REsp 1.296.964-DF, Rel. Min. Luis Felipe Salomão, por unanimidade, julgado em 18/10/2016, DJe 7/12/2016).

O Estatuto da Cidade prevê, no art. 9º, como um dos instrumentos de efetivação da política urbana, a denominada **usucapião especial de imóveis urbanos** (com previsão correlata no art. 183, da CF, e art. 1.240, CC). Para que um possuidor de imóvel urbano possa efetivar esse tipo de **aquisição originária da propriedade**, é necessária a comprovação dos requisitos a seguir transcritos:

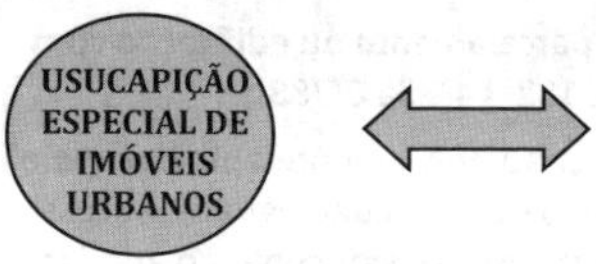

- **Possuir como sua** área ou edificação **de até 250 m²**;
- Por **05 (cinco) anos ininterruptos**;
- **Sem oposição de terceiros**;
- **Destinada à sua moradia ou de sua família**;
- **Não seja proprietário de outro imóvel urbano ou rural.**

É exigido do possuir o chamado ***animus domini*** (ou posse *ad usucapionem*): o ocupante da área ou edificação deverá agir como se dono fosse, sua posse não pode ter relação de dependência com terceiro. Por esta razão, o instituto da **usucapião não se aplica aos locatários, comodatários e usufrutuários.**

> **ATENÇÃO**
>
> *É importante ressaltar que a usucapião especial de imóveis urbanos, diferente da usucapião ordinária do Código Civil (art. 1.243, CC),* ***não exige justo título*** *e* ***boa-fé do adquirente.***

O Estatuto esclarece que o título de domínio **poderá ser concedido ao homem ou à mulher**, ou a ambos, independentemente do estado civil. Porém, esse **direito não será reconhecido ao mesmo possuidor mais de uma vez** (art. 9º, §1º e §2º, do EC).

Para fins de usucapião, o **herdeiro legítimo** continua, de pleno direito, a posse de seu antecessor, desde que **já esteja residindo no imóvel quando ocorrer a abertura da sucessão,** não se interrompendo lapso temporal de 05 (cinco) anos de posse mansa e pacífica, exigido por lei. Por outro lado, se o herdeiro passar a morar no imóvel somente em momento posterior ao falecimento do seu antecessor, o referido lapso deverá ser reiniciado (art. 9º, §3º, do EC).

Com o objetivo de minimizar a desordem urbana nos grandes centros, decorrente de moradias irregulares em áreas de habitação precária, o legislador federal criou o instrumento denominado **usucapião urbana coletiva**, para regularizar os domínios de localidade onde não é possível individualizar os possuidores.

O art. 10, caput, do EC, estabelece os seguintes **requisitos** para que uma área seja usucapida coletivamente:

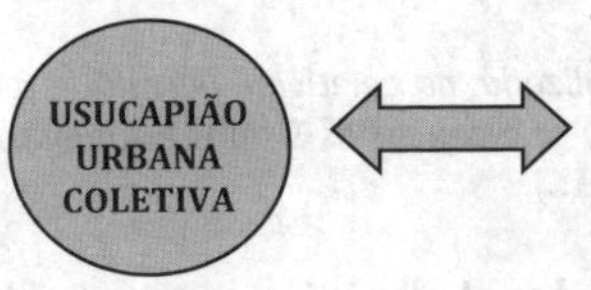

-Núcleos urbanos informais existentes;
-Sem oposição de terceiros;
-Por mais de **05 (cinco) anos;**
-Área total dividida pelo número de possuidores seja inferior a 250 m² por possuidor;
- Possuidores **não sejam proprietários de outro imóvel** urbano ou rural.

Atente-se que os requisitos para concessão da usucapião especial urbana coletiva sofreram recentes e importantes alterações, com o advento da **Lei Federal nº 13.465/17**, que alterou o art. 10, caput, do EC. Segue quadro esquemático comas modificações legislativas:

	QUADRO COMPARATIVO	
	ANTES DA LEI Nº 13.465/2017 X	DEPOIS DA LEI Nº 13.465/2017
TEXTOS LEGAIS	Art. 10. **As áreas urbanas** com **mais de duzentos e cinquenta metros quadrados, ocupadas por população de baixa renda para sua moradia**, por cinco anos, **ininterruptamente** e sem oposição, **onde não for possível identificar os terrenos ocupados por cada possuidor**, são suscetíveis de serem usucapidas coletivamente, desde que os possuidores não sejam proprietários de outro imóvel urbano ou rural.	Art. 10. **Os núcleos urbanos informais** existentes sem oposição há mais de cinco anos e cuja **área total dividida pelo número de possuidores seja inferior a duzentos e cinquenta metros quadrados por possuidor** são suscetíveis de serem usucapidos coletivamente, desde que os possuidores não sejam proprietários de outro imóvel urbano ou rural.
ÁREAS SUSCETÍVEIS DE USUCAPIÃO COLETIVA	Áreas urbanas com mais de 250 m^2.	Núcleos urbanos informais, cuja área total dividida pelo número de possuidores seja inferior 250 m^2 por possuidor.
QUALIFICAÇÃO DA POPULAÇÃO	População de baixa renda.	xxxxxxxxxxx
TEMPO DA POSSE	Por cinco anos, ininterruptamente e sem oposição.	Sem oposição há mais de cinco anos.
IDENTIFICAÇÃO DOS POSSUIDORES	Onde não for possível identificar os terrenos ocupados por cada possuidor.	xxxxxxxxxxx

ATENÇÃO

Diversamente da usucapião especial urbana individualizada, na coletiva é permitida a ***soma do tempo de posse entre pessoas vivas*** *(para se alcançar os 5 anos exigidos), desde que* ***não haja descontinuidade*** *(art. 10, §1º, do EC).*

Atente-se que o **Supremo Tribunal Federal** decidiu, em sede de **repercussão geral**, que a implementação da usucapião especial urbana não pode ser obstada com fundamento em norma hierarquicamente inferior à Carta Magna ou interpretação que afaste a eficácia do direito constitucionalmente assegurado. Dessa forma, lei infraconstitucional **não pode fixar dimensões de áreas (módulos urbanos)** diversas da previsão constitucional, de modo a impedir a aquisição originária da propriedade.

POSIÇÃO DO STF

"(...) o Tribunal, por maioria, após reconhecer a existência de repercussão geral da questão constitucional suscitada, fixou a tese de que, preenchidos os requisitos do art. 183 da Constituição Federal, o reconhecimento do direito à usucapião especial urbana não pode ser obstado por legislação infraconstitucional que estabeleça módulos urbanos na respectiva área em que situado o imóvel (dimensão do lote), vencido o Ministro Marco Aurélio, que rejeitava a existência de repercussão geral e não fixava tese" (RE 422.349, rel. min. Dias Toffoli, j. 29-4-2015, P, DJE de 5-8-2015, com repercussão geral).

A **sentença** que declarar a usucapião especial coletiva de imóvel urbano **servirá de título para registro no cartório de imóveis**. Nessa decisão será instituído um **condomínio especial indivisível**, sendo atribuída fração ideal idêntica do terreno para cada possuir, exceto se houver acordo formal (escrito) entre os condôminos, prevendo frações ideais diferenciadas (art. 10, §2º e §3º, do EC).

Em regra, **não é possível a extinção do condomínio especial**, salvo se presentes dois requisitos: a) deliberação favorável tomada por, **no mínimo, 2/3 (dois terços) dos condôminos**; b) execução de urbanização posterior à constituição do condomínio (art. 10, §4º, do EC). Ressalte-se, ainda, que as deliberações referentes à administração do condomínio serão tomadas por **maioria relativa de votos** (art. 10, §5º, do EC).

ATENÇÃO

Ficarão sobrestadas quaisquer outras ações, petitórias ou possessórias, que venham a ser propostas relativamente ao imóvel usucapiendo, enquanto pendente a ação de usucapião especial urbana (art. 11, do EC).

Conforme previsão do art. 12 do EC, a usucapião especial urbana poderá ser proposta individualmente ou em conjunto, e ainda mediante substituição processual (legitimação extraordinária). Vejamos:

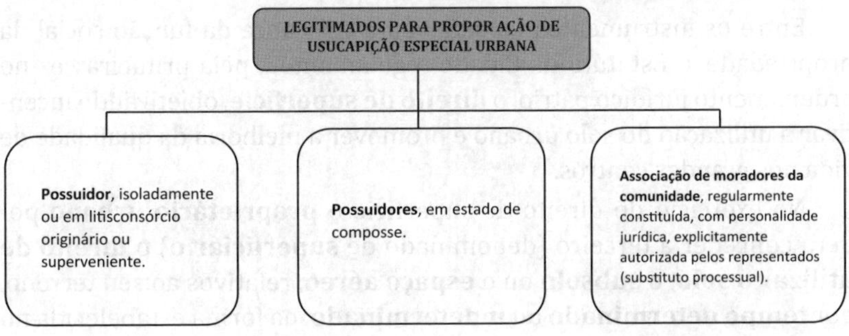

O Estatuto da Cidade prevê duas peculiaridades relevantes na ação de usucapião especial urbana: a) é **obrigatória a intervenção do Ministério Público**; b) os autores gozam dos **benefícios da justiça gratuita** e da **assistência judiciária gratuita**, inclusive perante o cartório de registro de imóveis (art. 12, §1º e §2º, do EC).

ATENÇÃO

A usucapião especial urbana poderá ser invocada como ***matéria de defesa (Súmula STF nº 237****. A usucapião pode ser arguida como matéria de defesa). Nesse caso, se a sentença declarar a usucapião, a decisão valerá como título para registro em cartório de imóveis (art. 13 do EC).*

Segundo o Estatuto da Cidade, o **rito processual** a ser adotado na ação judicial de usucapião especial urbana é o sumário (art. 14 do EC). Ressalte-se, contudo, que o Novo Código de Processo Civil pôs fim ao procedimento sumário, estabelecendo, nas disposições finais, que serão observadas as regras do procedimento comum sempre que a lei remeter ao rito sumário (art. 1.049, parágrafo único, do NCPC). Dessa forma, podemos concluir que **a ação judicial de usucapião especial urbana deverá observar o procedimento comum.**

ATENÇÃO

A Lei nº 12.424/11 acrescentou o art. 1.240-A ao CC, criando a denominada ***usucapião especial urbana por abandono de lar conjugal:*** *"art. 1.240-A. Aquele que exercer, por 2 (dois) anos ininterruptamente e sem oposição, posse direta, com exclusividade, sobre imóvel urbano de até 250m² (duzentos e cinquenta metros quadrados) cuja propriedade divida com ex-cônjuge ou ex-companheiro que abandonou o lar, utilizando-o para sua moradia ou de sua família, adquirir-lhe-á o domínio integral, desde que não seja proprietário de outro imóvel urbano ou rural. § 1º O direito previsto no caput não será reconhecido ao mesmo possuidor mais de uma vez".*

2.3. Direito de superfície

Entre os instrumentos voltados para o alcance da função social da propriedade, o Estatuto da Cidade regulamentou, pela primeira vez no ordenamento jurídico pátrio, o **direito de superfície**, objetivando incentivar a utilização do solo urbano e promover a melhoria da qualidade de vida nos grandes centros.

No exercício do direito de superfície o **proprietário urbano** poderá conceder a terceiro (denominado de **superficiário**) o **direito de utilizar o solo**, o **subsolo** ou o **espaço aéreo**, relativos ao seu terreno, por **tempo determinado** ou **indeterminado**, na forma estabelecida no respectivo **contrato**, mediante **escritura pública registrada** no cartório de imóveis, com **observância a legislação urbanística** (art. 21, caput e §1º, do EC). Trata-se de um **direito real de uso sobre a coisa alheia.**

A concessão desse direito de superfície poderá ser **gratuita** ou **onerosa** (art. 21, caput e §2º, do EC). O **superficiário arcará integralmente com encargos e tributos que incidirem sobre a propriedade superficiária e sobre a área objeto de concessão do direito de superfície** (nesse caso, proporcionalmente à sua parcela de ocupação), salvo se o contrato previr de forma contrária (art. 21, caput e §3º, do EC).

O **superficiário** e o **proprietário** terão direito de preferência, em igualdade de condições à oferta de terceiros, **na alienação do terreno** e **do direito de construir**, respectivamente (art. 22 do EC).

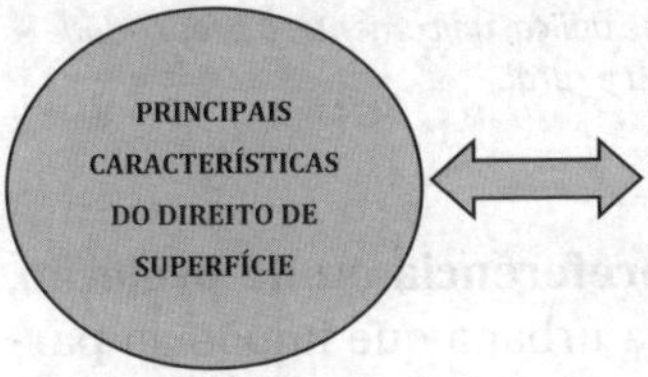

- É **direito real de uso sobre a coisa alheia**;
- Concessão do direito de usar o **solo**, o **subsolo** e o **espaço aéreo**;
- Deve ser firmado **contrato** entre as partes;
- É necessário o **registro de escritura pública** em cartório de imóveis;
- Será por **tempo determinado** ou **indeterminado**;
- Pode ser **gratuito** ou **oneroso**;
- Deve respeitar a legislação urbanística;
- Em regra, **o superficiário arcará com os encargos e tributos** que incidirem sobre: a propriedade superficiária e a área objeto da concessão (neste último caso proporcionalmente);
- Deve ser garantido o **direito de preferência** ao superficiário e ao proprietário, no caso de alienação do terreno e do direito de superfície, respectivamente.

O direito de superfície se extingue em duas hipóteses: **pelo advento do termo** (quando for por prazo determinado) ou **pelo descumprimento das obrigações contratuais assumidas pelo superficiário** (art. 23 do EC). Uma das formas de descumprimento contratual é a hipótese em que o superficiário **confere destinação diversa ao terreno** daquela para a qual foi concedida (art. 24, §1º, do EC).

Ressalte-se que a **morte do superficiário não acarreta a extinção do direito de superfície**. Nesse caso, o direito será transmitido aos herdeiros do superficiário falecido (art. 24, §1º, do EC).

Ocorrida uma dessas hipóteses de extinção do direito de superfície, deverá ser realizada a **averbação no cartório de registro de imóveis. Assim, o proprietário recuperará o domínio pleno do terreno** (reunião da propriedade plena), com as eventuais acessões e benfeitorias introduzidas, **independentemente de indenização,** exceto previsão contratual diversa (art. 24, caput e §2º, do EC).

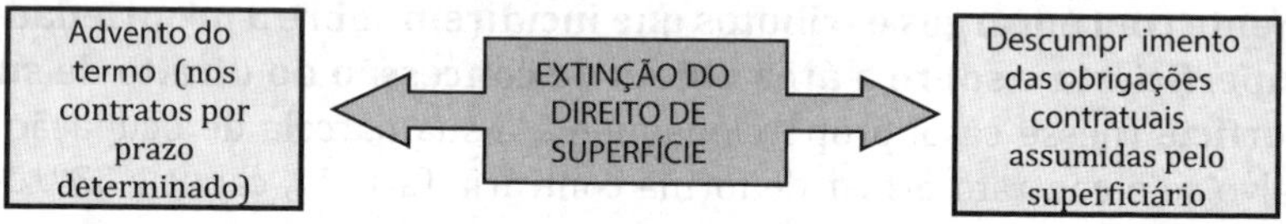

Como já especificado, o Estatuto da Cidade inovou ao regulamentar o direito de superfície no solo urbano, porém a sua normatização mais ampla ocorreu com o advento do Código Civil de 2002 (arts. 1.369 a 1.377). Atente-se, contudo, que as normas previstas no CC não revogaram aquelas relativas ao direito de superfície constantes no EC.

ATENÇÃO

Enquanto o direito de superfície no Estatuto da Cidade se aplica, unicamente, à propriedade urbana, no Código Civil o objeto é a propriedade urbana e rural.

2.4. Direito de preempção

Também conhecido como **direito de preferência ou de preleção,** a **preempção** é um instrumento da política urbana que impõe ao **particular proprietário de imóvel** a obrigação de notificar previamente o **Poder Público municipal** caso pretenda **alienar onerosamente o seu bem** (art. 25, caput, do EC). Trata-se de uma restrição ao poder do particular em dispor livremente da sua propriedade (**prevalência do interesse público sobre o privado**).

Esse direito somente recairá sobre **imóveis situados dentro da zona urbana,** em **áreas delimitadas em lei municipal**, com base no que for estabelecido no plano diretor. A Lei municipal também delimitará o **prazo de vigência do direito de preempção, que não poderá ser superior a 05 (cinco) anos.** Uma vez exaurido o prazo inicialmente fixado, a **restrição somente poderá ser novamente imposta após o transcurso do lapso temporal de 01 (um) ano** (art. 25, §1º, do EC).

DIREITO DE PREEMPÇÃO

- Particular proprietário de imóvel urbano deverá conferir **preferência ao Poder Público municipal na aquisição de imóvel** que pretende alienar onerosamente.
- **Lei municipal, com base no plano diretor, delimitará a área** em que os imóveis estarão submetidos ao direito de preempção.
- Lei municipal estabelecerá o **prazo de vigência** desse direito, **não superior a 5 anos, renovável a partir de 1 ano após o decurso do prazo de vigência**.

ATENÇÃO

Dentro do prazo de vigência estabelecido por lei municipal, o direito de preferência do Município ficará assegurado ***independentemente do número de alienações referentes ao mesmo imóvel*** *(art. 25, §2º, do EC). Isto é, mesmo que o Poder Público opte por não exercer seu direito de preferência na aquisição de um imóvel sujeito a preempção, deverá o novo proprietário garantir a preferência do Município caso resolva, mais uma vez, colocá-lo à venda.*

O direito de preempção ***não se aplica*** *nas seguintes hipóteses: a) alienação de domínio útil ou de superfície; b) doações ou transmissões de herança; c) evicção, desapropriação e usucapião; d) alienação ou aquisição realizadas por pessoas jurídica de direito público; e) alienação de direitos possessórios.*

O exercício do direito de preempção deve estar alicerçado em uma das hipóteses descritas no art. 26 do EC. Portanto, quando a lei municipal fixar a área de incidência desse instrumento, deverá fazê-lo enquadrando em uma das hipóteses estabelecidas no EC. Trata-se de **ato vinculado** do Poder Público.

HIPÓTESES DE EXERCÍCIO DA PREEMPCÃO

- Regularização fundiária;
- Execução de programas e projetos habitacionais de interesse social;
- Constituição de reserva fundiária;
- Ordenamento e direcionamento da expansão urbana;
- Implantação de equipamentos urbanos e comunitários;
- Criação de espaços públicos de lazer e áreas verdes;
- Criação de unidades de conservação ou proteção de outras áreas de interesse ambiental;
- Proteção de áreas de interesse histórico, cultural ou paisagístico.

O art. 27 do EC estabelece o **procedimento para o exercício do direito de preempção** pelo Município. Segue quadro esquemático:

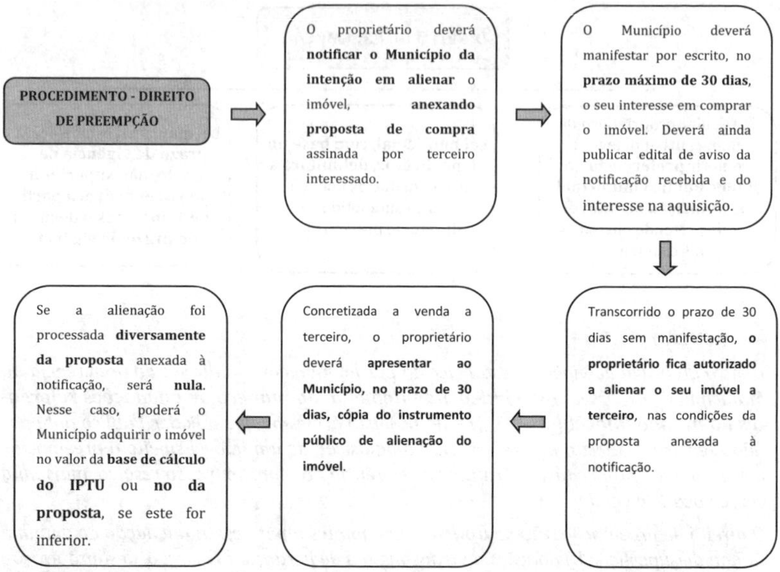

Ressalte-se que o Poder Público municipal poderá desistir da aquisição do bem até o momento da efetivação do pagamento. Porém, nesse caso, deverá ressarcir o proprietário por eventuais prejuízos que tenha sofrido, desde que efetivamente comprovados.

> **ATENÇÃO**
>
> *O Prefeito praticará **ato de improbidade administrativa** (Lei nº 8.429/92) quando: a) o Município adquirir imóvel, no exercício de preempção, em valor superior ao praticado no mercado (art. 52, VIII, do EC); b) o Município utilizar áreas obtidas por meio da preempção em desacordo com as finalidades que fundamentaram o exercício desse direito, previstas no art. 26 do EC (art. 52, III, do EC).*
>
> ***Não é necessária a observância das regras do procedimento licitatório** pelo Município na aquisição do imóvel no exercício do direito de preempção. Está caracterizada **hipótese de inexigibilidade de licitação**, devido à impossibilidade de competição.*

2.5. Outorga onerosa do direito de construir

A **outorga onerosa do direito de construir** (denominada de **"solo criado"**) é um instrumento da política urbana que consiste na possibilidade de o Poder Público municipal conceder ao proprietário de um imóvel o **direito de construir acima do limite estabelecido como coeficiente de aproveitamento básico para a área.** Tal instrumento somente se aplica em áreas estabelecidas no **plano diretor** e mediante **contrapartida** a ser prestada pelo beneficiário (art. 28, caput, do EC).

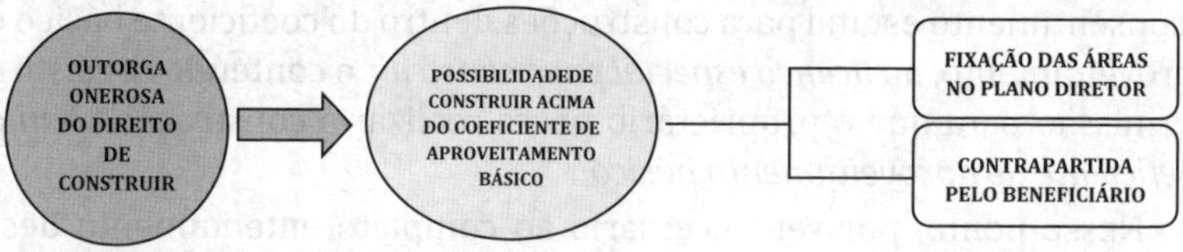

Mas, afinal, **o que significa "coeficiente de aproveitamento"?** É um índice, a ser estabelecido no plano diretor, que traduz a **relação entre a área edificável** (isto é, a soma das áreas dos pisos utilizáveis, cobertos ou não, de todos os pavimentos de uma edificação) **e a área total do terreno** em que a edificação se situa. Trata-se de uma restrição ao direito de construir, com vistas a obstar a saturação na infraestrutura urbana (art. 28, §1º, do EC).

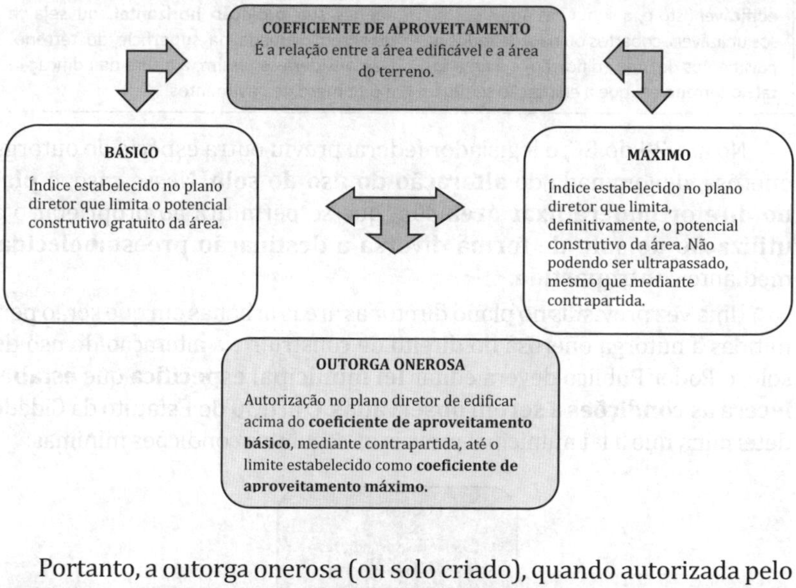

Portanto, a outorga onerosa (ou solo criado), quando autorizada pelo plano diretor, **é limitada**. Corresponde à faixa situada entre o coeficiente de aproveitamento básico e o coeficiente de aproveitamento máximo.

ATENÇÃO

O plano diretor poderá fixar coeficiente de aproveitamento básico único para toda a zona urbana ou diferenciado para áreas específicas dentro da zona urbana (art. 28, §2º, do EC).

Para José dos Santos Carvalho Filho (2013, p. 233), a outorga onerosa é uma **licença especial para construir**, diversa da licença comum: "Quer dizer: enquanto a *licença comum para construir* tem por conteúdo o consentimento estatal para construções dentro do coeficiente básico de aproveitamento, na *licença especial para construir* o conteúdo consiste na permissão para que o proprietário possa realizar a construção *além do coeficiente de aproveitamento básico*".

Nesse ponto, por ser necessário ao completo entendimento desse instrumento da política urbana, vejamos a distinção entre **coeficiente de aproveitamento** e **taxa de ocupação**:

QUADRO COMPARATIVO	
COEFICIENTE DE APROVEITAMENTO X	TAXA DE OCUPAÇÃO
É um índice, a ser estabelecido no plano diretor, que traduz a **relação entre a área edificável** (isto é, a soma das áreas dos pisos utilizáveis, cobertos ou não, de todos os pavimentos de uma edificação) **e a área total do terreno** em que a edificação se situa.	É o **percentual utilizado pela edificação em relação à área total do lote**, considerando apenas **sua projeção horizontal**, ou seja, a extensão ocupada na superfície do terreno. Desconsidera-se, assim, a altura da edificação e o número de pavimentos.

No art. 29 do EC, o legislador federal previu outra espécie de outorga onerosa, denominada de **alteração do uso do solo**. Nesse caso, o **plano diretor poderá fixar área s**em que se permitirá ao proprietário a **utilização do solo de forma diversa a destinação preestabelecida**, mediante **contrapartida.**

Uma vez previstas no plano diretor as áreas urbanas em que serão permitidas a outorga onerosa do direito de construir e a alteração do uso do solo, o Poder Público deverá editar **lei municipal específica** que **estabelecerá as condições a serem observadas**. O art. 30 do Estatuto da Cidade determina que a lei municipal preveja as seguintes condições mínimas:

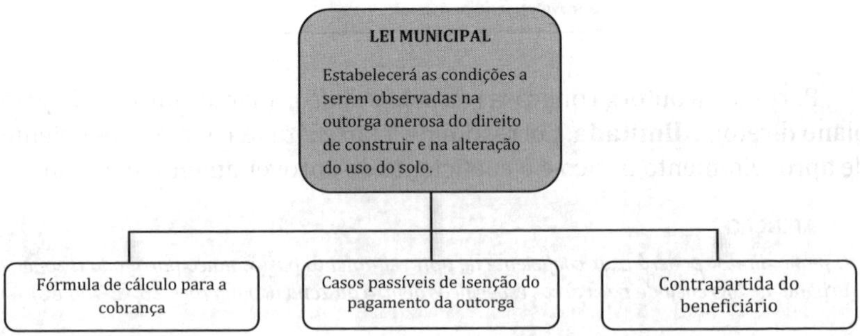

ATENÇÃO

*O Estatuto da Cidade não estabelece a **natureza da contrapartida** a ser efetivada pelo beneficiário do "solo criado". O Poder Público municipal deve definir os tipos de compensações aceitáveis, como, por exemplo: pagamento em dinheiro, transferência de imóveis, construção de infraestrutura urbana, parcerias em projetos sociais de interesse urbanístico.*

Há intensa discussão na doutrina acerca da natureza da contrapartida financeira do beneficiário da outorga onerosa do direito do construir e alteração do uso do solo. O Supremo Tribunal Federal já enfrentou a matéria, definindo que **não se trata de tributo**, pois representa uma compensação financeira pelo ônus causado em decorrência da sobrecarga da aglomeração urbana, a ser suportado pelo interessado em adquirir o "solo criado".

POSIÇÃO DO STF

"RECURSO EXTRAORDINÁRIO. LEI N. 3.338/89 DO MUNICÍPIO DE FLORIANÓPOLIS/SC. SOLO CRIADO. NÃO CONFIGURAÇÃO COMO TRIBUTO. OUTORGA ONEROSA DO DIREITO DE CRIAR SOLO. DISTINÇÃO ENTRE ÔNUS, DEVER E OBRIGAÇÃO. FUNÇÃO SOCIAL DA PROPRIEDADE. ARTIGOS 182 E 170, III DA CONSTITUIÇÃO DO BRASIL. 1. SOLO CRIADO Solo criado é o solo artificialmente criado pelo homem [sobre ou sob o solo natural], resultado da construção praticada em volume superior ao permitido nos limites de um coeficiente único de aproveitamento. 2. OUTORGA ONEROSA DO DIREITO DE CRIAR SOLO. PRESTAÇÃO DE DAR CUJA SATISFAÇÃO AFASTA OBSTÁCULO AO EXERCÍCIO, POR QUEM A PRESTA, DE DETERMINADA FACULDADE. ATO NECESSÁRIO. ÔNUS. Não há, na hipótese, obrigação. Não se trata de tributo. Não se trata de imposto. Faculdade atribuível ao proprietário de imóvel, mercê da qual se lhe permite o exercício do direito de construir acima do coeficiente único de aproveitamento adotado em determinada área, desde que satisfeita prestação de dar que consubstancia ônus. Onde não há obrigação não pode haver tributo. Distinção entre ônus, dever e obrigação e entre ato devido e ato necessário. (...)" (RE 387.047, Rel. Min. Eros Grau, Plenário, DJe 6.3.2008).

Por fim, no seu art. 31, o EC **restringiu a destinação dos recursos obtidos** mediante a efetivação desses instrumentos da política urbana, para os fins previstos no seu art. 26, I a VIII, já mencionados no tópico anterior. Caso os recursos auferidos sejam aplicados diversamente da finalidade legalmente estabelecida, o Prefeito incorrerá em **ato de improbidade administrativa**, nos termos do art. 52, IV, do EC.

2.6. Transferência do direito de construir

O instrumento denominado **transferência do direito de construir**, com previsão no art. 35 do EC, confere a **faculdade**, por meio de lei municipal baseada no plano diretor, ao **proprietário de um imóvel**, **privado** ou **público**, de **exercer seu potencial construtivo em outro local**, ou de **vendê-lo a outro proprietário**, mediante **escritura pública**, quando o seu imóvel for considerado **necessário para um dos seguintes fins**: a)implantação de equipamentos urbanos e comunitários; b)preservação, quando o imóvel for considerado de interesse histórico, ambiental, paisagístico, social ou cultural; c)servir a programas de regularização fundiária, urbanização de áreas ocupadas por população de baixa renda e habitação de interesse social.

Ressalte-se que a transferência do potencial construtivo somente se dará quando o imóvel for afetado a uma das hipóteses de interesse público acima descritas, acarretando uma restrição, total ou parcial, no exercício do direito de construir.

A transferência do direito de construir poderá ser **objetiva** (quando transferido para outra localidade), ou **subjetiva** (quando alienado a uma terceira pessoa).

TRANSFERÊNCIA DO DIREITO DE CONSTRUIR

Lei municipal, baseada no plano diretor, definirá as **áreas em que os proprietários poderão transferir o potencial construtivo** e as **áreas que estão aptas a receber esse potencial.**

Imóvel, público ou privado, é declarado necessário para um dos seguintes fins de interesse coletivo: a) implantação de equipamentos públicos; b)preservação; c)programas de regularização fundiária e urbanização.

É facultado ao proprietário do imóvel com restrição adotar as seguintes medidas: a) exercer o potencial construtivo em outro local (**objetiva**); ou, b) alienar o potencial a terceiro, mediante escritura pública (**subjetiva**).

Destaque-se que o art. 35, §1º, do EC, autoriza ao proprietário de imóvel **doá-lo, total ou parcialmente,** ao ente público, tendo como **contrapartida** o reconhecimento do **direito de transferir o potencial construtivo para outra área** ou **aliená-lo para terceiro.**

ATENÇÃO

*O proprietário do imóvel **não pode ser compelido a aceitar a transferência do potencial construtivo**, por se tratar de uma faculdade. No caso de recusa, o proprietário poderá ser, proporcionalmente, indenizado em dinheiro.*

A transferência do direito de construir é instrumento distinto da outorga onerosa do direito de construir (já analisada no tópico anterior), em que pese ambos objetivarem a efetivação das funções sociais da propriedade urbana e da cidade. Segue quadro esquemático com resumo do conceito dos referidos institutos:

QUADRO COMPARATIVO	
OUTORGA ONEROSA DO DIREITO DE CONSTRUIR X TRANSFERÊNCIA DO DIRIETO DE CONSTRUIR	
O proprietário de imóvel localizado em área indicada no plano diretor, por meio de autorização do Poder Público municipal, poderá "adquirir", mediante contrapartida, o direito de construir acima do limite estabelecido como coeficiente de aproveitamento básico para o local.	Ao proprietário que teve seu potencial construtivo reduzido, total ou parcialmente, por razões de interesse público estabelecido no EC, desde que o imóvel esteja incluído em área indicada em lei municipal, é facultado exercer o potencial construtivo em outro local ou aliená-lo a terceiro, mediante escritura pública.

2.7. Operações urbanas consorciadas

A **operação urbana consorciada** é conceituada como o **conjunto de intervenções** e **medidas coordenadas pelo Poder Público**, em área delimitada em lei municipal, com base no plano diretor, com a participação dos **proprietários**, **moradores**, **usuários permanentes** e **investidores privados**, com o objetivo de alcançar em uma área **transformações urbanísticas estruturais**, **melhorias sociais** e a **valorização ambiental** (art. 32, caput e §1º, do EC).

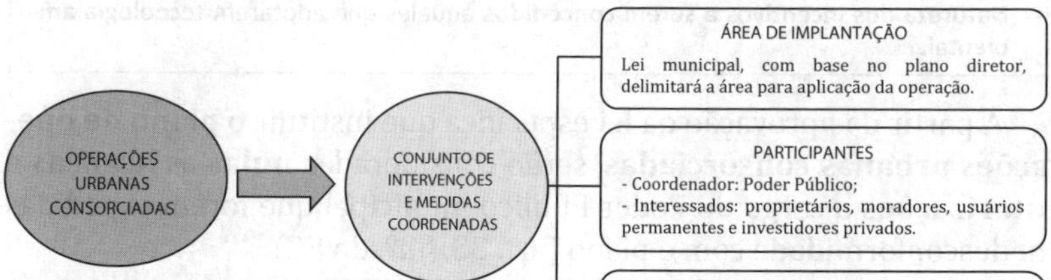

O §2º, do art. 32, do EC, estabelece um **rol exemplificativo de medidas** que poderão se previstas nas operações consorciadas:

MEDIDAS QUE PODERÃO SER ADOTADAS NAS OPERAÇÕES CONSORCIADAS
- **Modificação de índices e características de parcelamento, uso e ocupação do solo e subsolo**, bem como **alterações das normas edilícias**, considerado o impacto ambiental delas decorrentes;
- **Regularização de construções, reformas ou ampliações** executadas em desacordo com a legislação vigente;
- Concessão de **incentivos a operações urbanas que utilizam tecnologias visando à redução de impactos ambientais**, e que comprovem a utilização, nas construções e uso de edificações urbanas, de tecnologias que reduzam os impactos ambientais e economizem recursos naturais, especificadas as modalidades de design e de obras a serem contempladas.

O Estatuto da Cidade também estabelece, no seu art. 33, o **conteúdo mínimo** que deve constar no **plano de operações urbanas consorciadas**, aprovado por **lei municipal específica.** Nada impede que a norma apresente outros elementos compatíveis com as finalidades da operação consorciada.

CONTEÚDO MÍNIMO DO PLANO DE OPERAÇÕES URBANAS CONSORCIADAS
- **Definição da área** a ser atingida;
- Programa básico de **ocupação da área** e de **atendimento econômico e social para a população** afetada;
- **Finalidades da operação;**
- Estudo prévio de impacto de vizinhança **(EIV);**
- **Contrapartida a ser exigida** dos proprietários, usuários permanentes e investidores privados em função da utilização dos benefícios previstos nos incisos I, II e III do § 2º do art. 32 desta Lei;
- **Forma de controle** da operação, **obrigatoriamente compartilhado com representação da sociedade civil**;
- **Natureza dos incentivos a serem concedidos** àqueles que adotarem **tecnologia ambiental.**

A partir da aprovação da lei específica que instituir o **plano de operações urbanas consorciadas**, serão consideradas **nulas** as **licenças** e **autorizações** a cargo do Poder Público municipal que forem expedidas em desconformidade com o plano (art. 33, §2º, do EC).

ATENÇÃO

Com objetivo de impedir a destinação indesejável de valores obtidos pelo Poder Público a partir da efetivação do plano de operação urbana consorciada, o art. 33, §1º, do EC, estabeleceu que os ***recursos obtidos devem ser aplicados, exclusivamente, na própria operação consorciada****. Caso os recursos auferidos sejam aplicados em fins diversos ao legalmente estabelecido, o Prefeito incorrerá em ato* ***de improbidade administrativa****, nos termos do art. 52, V, do EC.*

Esta lei específica também poderá prever a possibilidade de o Município emitir **Certificados de Potencial Adicional de Construção (CEPCAs)**. Trata-se de um título mobiliário que tem por o objetivo financiar a operação urbana consorciada, alienados por meio de leilão ou utilizados diretamente no pagamento de obras (art. 34, caput, do EC).

Esses títulos imobiliários são adquiridos por interessados em construir edificações acima dos limites permitidos pela legislação de uso e ocupação do solo do local da operação. Poderão ser livremente negociados, mas conversíveis em direito de construir unicamente na área objeto da operação (art. 34, §1º e §2º, do EC).

ATENÇÃO

A Lei Federal nº 13.089/2015 (Estatuto da Metrópole) incluiu o art. 34-A ao referido Estatuto, que passou a prever a possibilidade das ***regiões metropolitanas*** *ou* ***aglomerações urbanas*** *realizarem* ***operações urbanas consorciadas interfederativas****, aprovadas por leis estaduais específicas.*

2.8. Estudo de Impacto de Vizinhança (EIV)

O Estudo de Impacto de Vizinhança (EIV) consiste, basicamente, na análise detalhada dos **potenciais impactos (positivos e negativos)** que um **empreendimento poderá causar em seu entorno**, em razão de seu porte e/ou atividades a serem exercidas. Quando conhecidos os impactos, são delineadas as **diretrizes mitigadoras e/ou compensatórias**, proporcionando melhores condições de habitabilidade, conforto e segurança à população do entorno.

Trata-se, portanto, de uma **limitação administrativa**, que consiste em um **procedimento prévio** e **obrigatório** de**obtenção delicenças** ou **autorizações** para **construção**, **ampliação** ou **funcionamento** de empreendimentos e atividades **privados** ou **públicos**, a serem definidos em legislação municipal.

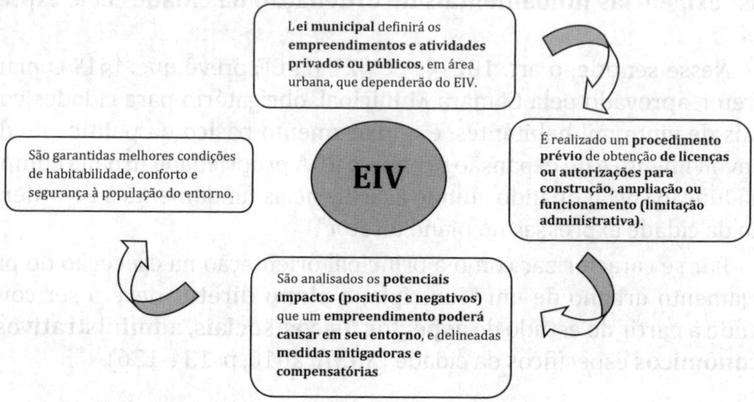

O EIV considerará os interesses da população que poderá ter seu bem-estar impactado (positiva ou negativamente) pela **construção, ampliação ou funcionamento, de empreendimentos ou atividades (privados ou públicos)**. Para tanto, o Estatuto da Cidade estabelece um **rol mínimo** que deverá ser objeto de análise do EIV:

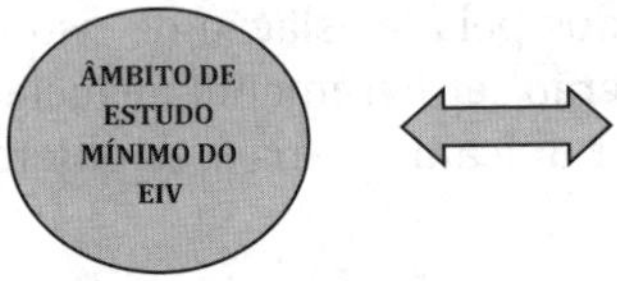

- Adensamento populacional;
- Equipamentos urbanos e comunitários;
- Uso e ocupação do solo;
- Valorização imobiliária;
- Geração de tráfego e demanda por transporte público;
- Ventilação e iluminação;
- Paisagem urbana e patrimônio natural e cultural.

Deve ser garantidoo **amplo acesso, por parte de qualquer interessado, aos documentos integrantes do Estudo de Impacto de Vizinhança (EIV)**, que ficarão disponíveis para consulta no órgão do Poder Público municipal (art. 37, parágrafo único, do EC).

ATENÇÃO

A elaboração do Estudo de Impacto de Vizinhança (EIV) ***não substitui*** *a elaboração e aprovação do Estudo de Impacto Ambiental (EIA) (art. 38 do EC).*

3. PLANO DIRETOR

O plano diretor é o **principal instrumento norteador da política urbana brasileira**, executada pelos entes públicos municipais. Esta importância possui fundamento constitucional, tendo a Carta Magna definido o plano diretor como **"instrumento básico da política de desenvolvimento e de expansão urbana"**, além de ter condicionado o cumprimento da função social da propriedade urbana ao atendimento das **"exigências fundamentais de ordenação da cidade"** nele expressas.

Nesse sentido, o art. 182, §1º e §2º, da CF, prevê que: "§1º O plano diretor, aprovado pela Câmara Municipal, obrigatório para cidades com mais de vinte mil habitantes, é o instrumento básico da política de desenvolvimento e de expansão urbana. § 2º A propriedade urbana cumpre sua função social quando atende às exigências fundamentais de ordenação da cidade expressas no plano diretor".

Por se caracterizar como a principal orientação na execução do planejamento urbano de um Município, o **plano diretor** deverá ser construído a partir do estudo de **aspectos físicos, sociais, administrativos** e **econômicos** específicos da cidade (SILVA, 2010, p. 134-136).

ATENÇÃO

Diversos instrumentos previstos no Estatuto da Cidade somente poderão ser implantados se existir previsão no plano diretor, como por exemplo: a) parcelamento, edificação ou utilização compulsórios; b) preempção; c) outorga onerosa; d) operações urbanas consorciadas; e) transferência do direito de construir.

Visando estabelecer o uso racional do solo urbano, em atenção aos interesses de da coletividade, o plano diretor deverá estabelecer as **exigências fundamentais** para que a **propriedade urbana cumpra sua função social,** respeitadas as diretrizes gerais da política urbana fixadas no art. 2º do EC, de forma a assegurar atendimento das necessidades dos cidadãos quanto à: **qualidade de vida**, **justiça social** e o **desenvolvimento das atividades econômicas** (art. 39 do EC).

A FUNÇÃO SOCIAL DA PROPRIEDADE URBANA SERÁ ATENDIDA QUANDO →

Respeitadas às **exigências fundamentais de ordenação da cidade expressas no plano diretor** (art. 182, §2º, da CF, e art. 39 do EC).

O plano diretor será aprovado por **lei ordinária municipal**, adotando-se o rito instituído por sua lei orgânica, devendo ser**revista, pelo menos, a cada 10 (dez) anos**, e, por ser parte integrante do processo de planejamento do Município, as suas diretrizes e prioridades serão incorporadas ao **plano plurianual**, à **lei de diretrizes orçamentária (LDO)** e à **lei orçamentária anual (LOA)** (art. 40, *caput*, §1º e §3º, do EC).

Ressalte-se que o plano diretor **englobará todo o território do Município** e, no seu processo de elaboração e implementação, deverá ser garantida **ampla transparência** e **participação efetiva da sociedade**, mediante audiências públicas, debates e publicidade/amplo acesso a documentos e informações produzidas (art. 40, §2º e §4º, do EC).

ATENÇÃO

*Configuram-se **atos de improbidade administrativa**, passíveis de aplicação das punições previstas na Lei nº 8.429/92: a) a inércia da Administração Pública na revisão do plano diretor, no intervalo máximo de 10 (dez) anos (art. 52, VII, do EC); b) impedir ou deixar de garantir, no processo de elaboração do plano diretor, a participação dos interessados por meio de audiência públicas, debates, publicidade de documentos e acesso às informações (art. 52, VI, do EC).*

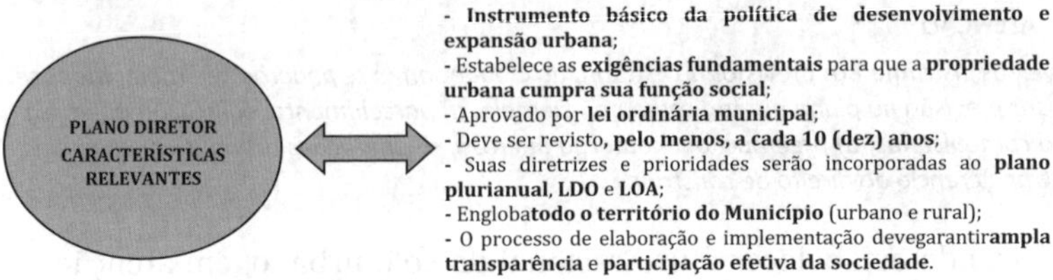

ATENÇÃO

*O plano diretor **englobará todo o território do Município, incluindo áreas rurais existentes em seu perímetro**. Contudo, a atuação do Município nessas localidades será de planejamento urbanístico, não sendo possível legislar sobre matéria agrária (competência da União).*

Quanto à **obrigatoriedade do plano diretor**, o Estatuto da Cidade fixa 7 (sete) hipóteses dispostas nos incisos do art. 41, a seguir esquematizadas:

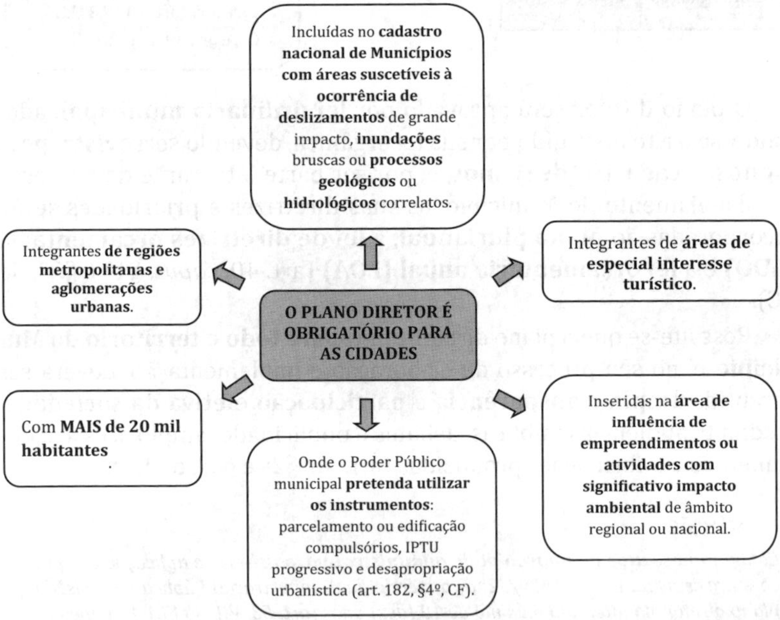

ATENÇÃO

O art. 41 do EC ampliou o rol de municípios em que é obrigatória a elaboração do plano diretor se comparado ao que prevê o art. 182, §1º, da CF. A Carta Magna contempla uma única hipótese de obrigatoriedade: ***cidades com mais de 20 mil habitantes.***

Será ***facultativa*** *a elaboração do plano diretor em cidades com população* ***igual ou inferior*** *a 20 mil habitantes.*

O **Supremo Tribunal Federal** possui entendimento consolidado quanto à inconstitucionalidade de dispositivo de Constituição Estadual que prevê a obrigatoriedade da elaboração do plano diretor para Municípios que possuiu menos de 20 mil habitantes, em descompasso com a exigência constitucional.

POSIÇÃO DO STF

"DIREITO CONSTITUCIONAL E ADMINISTRATIVO. MUNICÍPIOS COM MAIS DE CINCO MIL HABITANTES: PLANO DIRETOR. ART. 195, "CAPUT", DO ESTADO DO AMAPÁ. ARTIGOS 25, 29, 30, I E VIII, 182, § 1º , DA CONSTITUIÇÃO FEDERAL E 11 DO A.D.C.T. 1. O "caput" do art. 195 da Constituição do Estado do Amapá estabelece que "o plano diretor, instrumento básico da política de desenvolvimento econômico e social e de expansão urbana, aprovado pela Câmara Municipal, é obrigatório para os Municípios com mais de cinco mil habitantes". 2. Essa norma constitucional estadual estendeu, aos municípios com número de habitantes superior a cinco mil, a imposição que a Constituição Federal só fez àqueles com mais de vinte mil (art. 182, § 1º). 3. Desse modo, violou o princípio da autonomia dos municípios com mais de cinco mil e até vinte mil habitantes, em face do que dispõem os artigos 25, 29, 30, I e VIII, da C.F. e 11 do A.D.C.T. 4. Ação Direta de Inconstitucionalidade julgada procedente, nos termos do voto do Relator. 5. Plenário: decisão unânime" (STF. ADI 826-AP, Rel. Sydney Sanches, Plenário, DJe 12.03.1999).

O Estatuto da Cidade ainda prevê a obrigatoriedade de criação de outros dois planos, que deverão ser compatíveis com o plano diretor ou ser inseridos nele, quais sejam: a) **Plano de transporte urbano integrado:** para cidades com **mais de 500 mil habitantes** (art. 41, §2º, do EC); b) **Plano de rotas acessíveis:** para cidades incluídas nas mesmas hipóteses do plano diretor (art. 41, §3º, do EC, incluído pela Lei nº 13.146/15 - Estatuto da Pessoa com Deficiência).

O art. 42 do EC, fixa o **conteúdo mínimo** que deverá integrar o plano diretor:

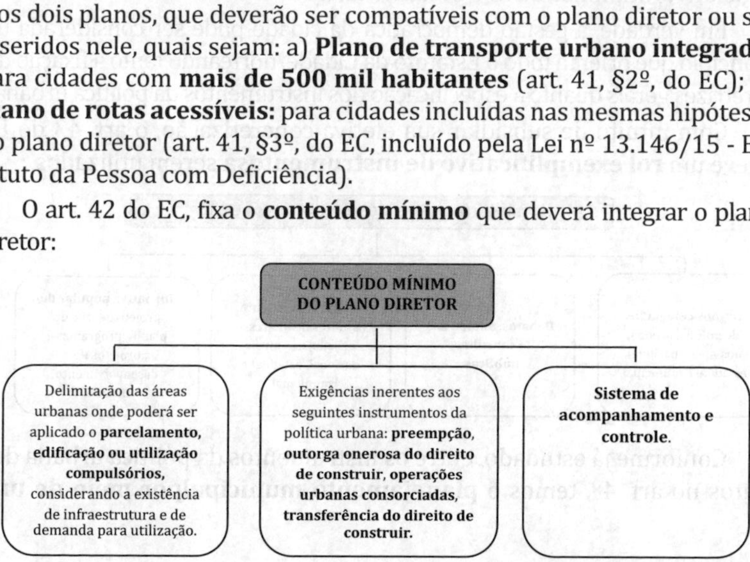

Na hipótese de Municípios incluídos no **cadastro nacional de municípios com áreas suscetíveis à ocorrência de deslizamentos de grande impacto, inundações bruscas ou processos geológicos ou hidrológicos correlatos** (art. 41, VI, do EC), o plano diretor, além de conter o conteúdo mínimo estabelecido no art. 42 do EC (esquematizado acima), deverá contemplar uma séria de especificações, descritas nos incisos do art. 42-A do EC. Essas exigências complementares permitirão a compatibilização da norma urbanística com os levantamentos geotécnicos e hídricos, além de ações de intervenção preventiva e realocação de populações em áreas de risco de desastres.

Por fim, o art. 42-B, do EC, indica o que deverá conter no **projeto específico** de **ampliação do perímetro urbano do Município**, a ser instituído por **lei municipal** e compatibilizado com o plano diretor. Frise-se, contudo, que não será exigido projeto específico quando o plano diretor do Município que pretende ampliar seu perímetro urbano já contempla as exigências legais estabelecias no dispositivo citado.

4. GESTÃO DEMOCRÁTICA DA CIDADE. IMPROBIDADE ADMINISTRATATIVA

A gestão democrática da cidade é concretizada quando se garante a participação efetiva da sociedade no planejamento do espaço urbano. A democracia participativa passa a ser condição de validade dos processos legislativo, administrativo e orçamentário.

Em verdade, a gestão democrática da cidade pode ser considerada um princípio que orienta todo o Estatuto da Cidade, norteando tanto a fixação das diretrizes gerais quanto a especificação dos instrumentos da política urbana.

Com intuito de subsidiar sua efetiva concretização, o art. 43 do EC, prevê um **rol exemplificativo de instrumentosa** serem utilizados.

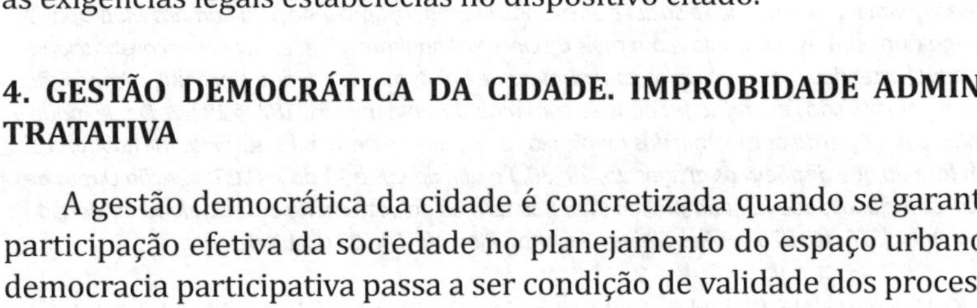

Conforme já estudado, entre os instrumentos da política urbana descritos no art. 4º, temos o **planejamento municipalpor meio de uma**

gestão orçamentária participativa (art. 4º, III, "f", do EC). A fim de concretizar a gestão democrática da cidade, a efetivação desse instrumento deverá incluir, necessariamente, a **realização de debates, audiências** e **consultas públicas** sobre as propostas do **plano plurianual**, da **lei de diretrizes orçamentárias** e do **orçamento anual**, como condição obrigatória para sua aprovação pela Câmara Municipal (art. 44 do EC).

Já no art. 52 do Estatuto da Cidade, o legislador federal previu hipóteses que caracterizam a prática de **ato de improbidade administrativa pelo Prefeito**, ampliando àquelas previstas na Lei nº 8.429/92 (Lei de Improbidade Administrativa). Segue quadro elencando as condutas caracterizadas como improbidade administrativa:

ATOS DE IMPROBIDADE ADMINISTRATIVA PRATICADOS PELO PREFEITO
- **Deixar de proceder, no prazo de 05 (cinco) anos, ao adequado aproveitamento do imóvel incorporado ao patrimônio público**, em razão de desapropriação com pagamento em títulos, conforme o disposto no § 4º do art. 8º do EC; - **Utilizar áreas obtidas por meio do direito de preempção em desacordo** com as finalidades previstas no art. 26 desta Lei, que fundamentaram o exercício do direito de preferência; - **Aplicar os recursos auferidos com a outorga onerosa do direito de construir e de alteração de uso em desacordo** com o previsto no art. 31 do EC; - **Aplicar os recursos auferidos com operações consorciadas em local diverso da própria operação consorciada**, em desacordo com o previsto no § 1º do art. 33 do EC; - **Impedir ou deixar de garantir os requisitos necessário no processo de elaboração e implementação do plano diretor**, contidos nos incisos I a III do § 4º do art. 40 do EC; - **Deixar de tomar as providências necessárias para garantir a revisão do plano diretor, pelo menos, a cada 10 anos**, bem como a sua aprovação compulsória, conforme previsão do § 3º do art. 40 e no art. 50, do EC; - **Adquirir imóvel objeto de direito de preempção**, nos termos dos arts. 25 a 27 do EC, pelo valor da proposta apresentada, se este for, **comprovadamente, superior ao de mercado.**

5. TÓPICO-SÍNTESE

<table>
<tr><th colspan="2">TÓPICO-SÍNTESE: ESTATUTO DA CIDADE (LEI Nº 10.257/2001)</th></tr>
<tr><td colspan="2">Coube à Lei Federal nº 10.257/01, denominada de Estatuto da Cidade, regulamentar os arts. 182 e 183 da CF/88, que compõem o capítulo da Política Urbana, fixando normas gerais para a ordenação do pleno desenvolvimento das funções sociais da cidade e da propriedade urbana.
O Estatuto da Cidade, no seu art. 1º, parágrafo único, ao regulamentar a determinação constitucional, estabelece normas de ordem pública e interesse social que regulam o uso da propriedade urbana, com o objetivo primordial de resguardar: a) o bem coletivo; b) a segurança e o bem-estar dos cidadãos; c) o equilíbrio ambiental.</td></tr>
<tr><td>OBJETIVOS DA POLÍTICA URBANA</td><td>A política urbana, descrita no art. 182, caput, da CF/88, tem o primordial objetivo de ordenar o pleno desenvolvimento das funções sociais da cidade e da propriedade urbana.</td></tr>
</table>

<table>
<tr><th colspan="3">TÓPICO-SÍNTESE: ESTATUTO DA CIDADE (LEI Nº 10.257/2001)</th></tr>
<tr><td rowspan="5">DIRETRIZES DA POLÍTICA URBANA</td><td>SOCIAIS</td><td>- Garantia do direito a cidades sustentáveis (direito à terra urbana, à moradia, ao saneamento ambiental, à infraestrutura urbana, ao transporte e aos serviços públicos, ao trabalho e ao lazer);
- Gestão democrática por meio da participação da população e de associações representativas;
- Cooperação entre os governos, a iniciativa privada e os demais setores da sociedade;
- Justa distribuição dos benefícios e ônus decorrentes do processo de urbanização;
- Audiência do Poder Público municipal e da população interessada nos processos de implantação de empreendimentos ou atividades com efeitos potencialmente negativos;
- Garantia de condições condignas de acessibilidade, utilização e conforto nas dependências internas das edificações urbanas, inclusive nas destinadas à moradia e ao serviço dos trabalhadores domésticos, observados requisitos mínimos de dimensionamento, ventilação, iluminação, ergonomia, privacidade e qualidade dos materiais empregados.</td></tr>
<tr><td>GOVERNAMENTAIS</td><td>- Planejamento do desenvolvimento das cidades, de modo a evitar e corrigir as distorções do crescimento urbano e seus efeitos negativos sobre o meio ambiente;
- Oferta de equipamentos urbanos e comunitários, transporte e serviços públicos adequados;
- Integração e complementaridade entre as atividades urbanas e rurais;
- Adoção de padrões de produção e consumo de bens e serviços e de expansão urbana;
- Proteção, preservação e recuperação do meio ambiente natural e construído, do patrimônio cultural, histórico, artístico, paisagístico e arqueológico;
- Isonomia de condições para os agentes públicos e privados na promoção de empreendimentos e atividades relativas ao processo de urbanização, atendido o interesse social;
- Tratamento prioritário às obras e edificações de infraestrutura de energia, telecomunicações, abastecimento de água e saneamento.</td></tr>
<tr><td>RELATIVAS AO SOLO URBANO</td><td>- Ordenação e controle do uso do solo;
- Estímulo à utilização, nos parcelamentos do solo e nas edificações urbanas, de sistemas operacionais, padrões construtivos e aportes tecnológicos que objetivem a redução de impactos ambientais e a economia de recursos naturais.</td></tr>
<tr><td>ECONÔMICO-FINANCEIRAS</td><td>- Adequação dos instrumentos de política econômica, tributária e financeira e dos gastos públicos aos objetivos do desenvolvimento urbano;
- Recuperação dos investimentos do Poder Público de que tenha resultado a valorização de imóveis urbanos.</td></tr>
<tr><td>JURÍDICAS</td><td>- Simplificação da legislação de parcelamento, uso e ocupação do solo e das normas edilícias, com vistas a permitir a redução dos custos e o aumento da oferta dos lotes e unidades habitacionais.</td></tr>
</table>

<table>
<tr><th colspan="3">TÓPICO-SÍNTESE: ESTATUTO DA CIDADE (LEI Nº 10.257/2001)</th></tr>
<tr><td rowspan="2">COMPETÊNCIAS EM MATÉRIA URBANÍSTICAS</td><td>LESGILATIVAS</td><td>Art. 24. Compete à União, aos Estados e ao Distrito Federal legislar concorrentemente sobre: I - direito tributário, financeiro, penitenciário, econômico e urbanístico;
Foi delegada aos Municípios a competência para legislar sobre essa temática em assuntos de interesse local (“Art. 30. Compete aos Municípios: I - legislar sobre assuntos de interesse local; II – suplementar a legislação federal e a estadual no que couber”).</td></tr>
<tr><td>ADMINISTRATIVAS</td><td>Art. 21. Compete à União: XX - instituir diretrizes para o desenvolvimento urbano, inclusive habitação, saneamento básico e transportes urbanos;
Art. 23. É competência comum da União, dos Estados, do Distrito Federal e dos Municípios: IX - promover programas de construção de moradias e a melhoria das condições habitacionais e de saneamento básico;
Art. 23. Parágrafo único. Leis complementares fixarão normas para a cooperação entre a União e os Estados, o Distrito Federal e os Municípios, tendo em vista o equilíbrio do desenvolvimento e do bem-estar em âmbito nacional.</td></tr>
<tr><th colspan="3">INSTRUMENTOS DA POLÍTIVA URBANA</th></tr>
<tr><td colspan="3">No art. 4º, do Estatuto da Cidade, o legislador federal previu os instrumentos a serem utilizados para a concretização da política urbana, de modo a tornar mais eficaz a gestão das cidades, bem como garantir a aplicabilidade dos arts. 182 e 183 da Constituição Federal.</td></tr>
<tr><th colspan="3">2.1 Parcelamento, edificação ou utilização compulsórios. IPTU progressivo no tempo. Desapropriação com pagamento em títulos</th></tr>
<tr><td colspan="3">A Constituição Federal previu, no art. 182, §4º, três instrumentos que podem ser adotados pelo Município, sucessivamente, para compelir o proprietário do solo urbano não edificado, subutilizado ou não utilizado, mediante lei específica para área incluída no plano diretor, a promover seu adequado aproveitamento. São eles: parcelamento, edificação ou utilização compulsórios; IPTU progressivo no tempo e desapropriação com pagamento de títulos.</td></tr>
<tr><td>PARCELAMENTO, EDIFICAÇÃO OU UTILIZAÇÃO COMPULSÓRIOS</td><td colspan="2">O início do procedimento consiste na verificação por parte do Município da existência de área incluída no plano diretor, não edificada, subutilizada ou não utilizada, passível de exigência compulsória do seu aproveitamento, com base em lei municipal. Ato contínuo, mediante notificação direcionada ao proprietário, devidamente averbada em cartório de registro de imóveis, o mesmo será compelido a parcelar, edificar ou utilizar compulsoriamente a sua área (Art. 5º, caput e §2º, do EC);
Os prazos de cumprimento da obrigação, a serem estabelecidos em lei, não poderão ser inferiores aos seguintes (art. 5º, §3º e §4º, do EC): 01 ANO para protocolo do projeto no Município, a partir da notificação; e 02 ANOS para o início das obras, a partir da aprovação do projeto.</td></tr>
<tr><td>IPTU PROGRESSIVO NO TEMPO</td><td colspan="2">Consiste na majoração da alíquota do imposto predial territorial urbano pelo prazo de 05 (cinco) anos consecutivos (art. 7º do EC);
O valor da alíquota a ser aplicada a cada ano será estabelecido por lei municipal específica. Esse montante anual não poderá exceder duas vezes o valor referente ao ano anterior e nem ultrapassar a alíquota máxima de 15% (quinze por cento) sobre o valor venal do imóvel.</td></tr>
</table>

TÓPICO-SÍNTESE: ESTATUTO DA CIDADE (LEI Nº 10.257/2001)	
DESAPROPRIAÇÃO COM PAGAMENTO EM TÍTULOS	**Caso transcorridos os 05 (cinco) anos de cobrança do IPTU progressivo sem que o proprietário tenha cumprido a obrigação imposta**, o Poder Público municipal poderá realizar a desapropriação do imóvel, mediante o pagamento com títulos da dívida pública (art. 8º, caput, do EC). Importa destacar que a efetivação da desapropriação com pagamentos de títulos é **facultativa**. O Município tem a faculdade de optar pela manutenção do IPTU pela alíquota máxima, até que o proprietário cumpra integralmente a obrigação (parcelar, edificar ou utilizar o solo).
Usucapião especial de imóveis urbanos individual e coletiva	
USUCAPIÇÃO ESPECIAL DE IMÓVEIS URBANOS	Para que um possuidor de imóvel urbano possa efetivar esse tipo de **aquisição originária da propriedade**, é necessária a comprovação dos requisitos a seguir transcritos: **possuir como sua** área ou edificação **de até 250 m²; por 05 (cinco) anos ininterruptos; sem oposição de terceiros; destinada à sua moradia ou de sua família**; e **não seja proprietário de outro imóvel urbano ou rural.**
USUCAPIÃO URBANA COLETIVA	Seguintes **requisitos** para que uma área seja usucapida coletivamente: **núcleos urbanos informais existentes; sem oposição de terceiros**; por mais de **05 (cinco) anos; área total dividida pelo número de possuidores seja inferior a 250 m² por possuidor;** e os possuidores **não sejam proprietários de outro imóvel** urbano ou rural.
Direito de superfície	
Principais características do direito de superfície: É **direito real de uso sobre a coisa alheia**; Concessão do direito de usar o **solo**, o **subsolo** e o **espaço aéreo**; Deve ser firmado **contrato** entre as partes; É necessário o **registro de escritura pública** em cartório de imóveis; Será por **tempo determinado** ou **indeterminado**; Pode ser **gratuito** ou **oneroso**; Deve respeitar a legislação urbanística; Em regra, **o superficiário arcará com os encargos e tributos** que incidirem sobre: a propriedade superficiária e a área objeto da concessão (neste último caso proporcionalmente); Deve ser garantido o **direito de preferência** ao superficiário e ao proprietário, no caso de alienação do terreno e do direito de superfície, respectivamente; O direito de superfície se extingue em duas hipóteses: **pelo advento do termo** (quando for por prazo determinado) ou **pelo descumprimento das obrigações contratuais assumidas pelo superficiário** (art. 23 do EC). Ressalte-se que a **morte do superficiário não acarreta a extinção do direito de superfície.** Nesse caso, o direito será transmitido aos herdeiros do superficiário falecido (art. 24, §1º, do EC).	
Direito de preempção	
É um instrumento da política urbana que impõe ao **particular proprietário de imóvel** a obrigação de notificar previamente o **Poder Público municipal** caso pretenda **alienar onerosamente o seu bem** (art. 25, caput, do EC). Esse direito somente recairá sobre **imóveis situados dentro da zona urbana,** em **áreas delimitadas em lei municipal**, com base no que for estabelecido no plano diretor. A Lei municipal também delimitará o **prazo de vigência do direito de preempção, que não poderá ser superior a 05 (cinco) anos.** Uma vez exaurido o prazo inicialmente fixado, a **restrição somente poderá ser novamente imposta após o transcurso do lapso temporal de 01 (um) ano** (art. 25, §1º, do EC).	
HIPÓTESES DE EXERCÍCIO DA PREEMPÇÃO	Regularização fundiária; Execução de programas e projetos habitacionais de interesse social; Constituição de reserva fundiária; Ordenamento e direcionamento da expansão urbana; Implantação de equipamentos urbanos e comunitários; Criação de espaços públicos de lazer e áreas verdes; Criação de unidades de conservação ou proteção de outras áreas de interesse ambiental; Proteção de áreas de interesse histórico, cultural ou paisagístico.

<table>
<tr><th colspan="2">TÓPICO-SÍNTESE: ESTATUTO DA CIDADE (LEI Nº 10.257/2001)</th></tr>
<tr><td>PROCEDIMENTO - DIREITO DE PREEMPÇÃO</td><td>1º O proprietário deverá notificar o Município da intenção em alienar o imóvel, anexando proposta de compra assinada por terceiro interessado; 2º O Município deverá manifestar por escrito, no prazo máximo de 30 dias, o seu interesse em comprar o imóvel. Deverá ainda publicar edital de aviso da notificação recebida e do interesse na aquisição; 3º Transcorrido o prazo de 30 dias sem manifestação, o proprietário fica autorizado a alienar o seu imóvel a terceiro, nas condições da proposta anexada à notificação; 4º Concretizada a venda a terceiro, o proprietário deverá apresentar ao Município, no prazo de 30 dias, cópia do instrumento público de alienação do imóvel; 5º Se a alienação foi processada diversamente da proposta anexada à notificação, será nula. Nesse caso, poderá o Município adquirir o imóvel no valor da base de cálculo do IPTU ou no da proposta, se este for inferior.</td></tr>
<tr><th colspan="2">Outorga onerosa do direito de construir</th></tr>
<tr><td colspan="2">É um instrumento da política urbana que consiste na possibilidade de o Poder Público municipal conceder ao proprietário de um imóvel o direito de construir acima do limite estabelecido como coeficiente de aproveitamento básico para a área. Tal instrumento somente se aplica em áreas estabelecidas no plano diretor e mediante contrapartida a ser prestada pelo beneficiário (art. 28, caput, do EC);
A outorga onerosa (ou solo criado), quando autorizada pelo plano diretor, é limitada. Corresponde à faixa situada entre o coeficiente de aproveitamento básico e o coeficiente de aproveitamento máximo.</td></tr>
<tr><td>ALTERAÇÃO DO USO DO SOLO</td><td>É outra espécie de outorga onerosa. Nesse caso, o plano diretor poderá fixar áreas em que se permitirá ao proprietário a utilização do solo de forma diversa a destinação preestabelecida, mediante contrapartida.</td></tr>
<tr><th colspan="2">Transferência do direito de construir</th></tr>
<tr><td colspan="2">Confere a faculdade, por meio de lei municipal baseada no plano diretor, ao proprietário de um imóvel, privado ou público, de exercer seu potencial construtivo em outro local, ou de vendê-lo a outro proprietário, mediante escritura pública, quando o seu imóvel for considerado necessário para um dos seguintes fins: a)implantação de equipamentos urbanos e comunitários; b)preservação, quando o imóvel for considerado de interesse histórico, ambiental, paisagístico, social ou cultural; c)servir a programas de regularização fundiária, urbanização de áreas ocupadas por população de baixa renda e habitação de interesse social.</td></tr>
<tr><th colspan="2">Operações urbanas consorciadas</th></tr>
<tr><td colspan="2">Conjunto de intervenções e medidas coordenadas pelo Poder Público, em área delimitada em lei municipal, com base no plano diretor, com a participação dos proprietários, moradores, usuários permanentes e investidores privados, com o objetivo de alcançar em uma área transformações urbanísticasestruturais, melhorias sociais e a valorização ambiental (art. 32, capute §1º, do EC).</td></tr>
<tr><td>MEDIDAS QUE PODERÃO SER ADOTADAS NAS OPERAÇÕES CONSORCIADAS</td><td>- Modificação de índices e características de parcelamento, uso e ocupação do solo e subsolo, bem como alterações das normas edilícias, considerado o impacto ambiental delas decorrentes;
- Regularização de construções, reformas ou ampliações executadas em desacordo com a legislação vigente;
- Concessão de incentivos a operações urbanas que utilizam tecnologias visando à redução de impactos ambientais, e que comprovem a utilização, nas construções e uso de edificações urbanas, de tecnologias que reduzam os impactos ambientais e economizem recursos naturais, especificadas as modalidades de design e de obras a serem contempladas.</td></tr>
</table>

TÓPICO-SÍNTESE: ESTATUTO DA CIDADE (LEI Nº 10.257/2001)	
CONTEÚDO MÍNIMO DO PLANO DE OPERAÇÕES URBANAS CONSORCIADAS	- **Definição da área** a ser atingida; - Programa básico de **ocupação da área** e de **atendimento econômico e social para a população** afetada; - **Finalidades da operação**; - Estudo prévio de Impacto de Vizinhança **(EIV)**; - **Contrapartida a ser exigida** dos proprietários, usuários permanentes e investidores privados em função da utilização dos benefícios previstos nos incisos I, II e III do § 2º do art. 32 desta Lei; - **Forma de controle** da operação, **obrigatoriamente compartilhado com representação da sociedade civil**; - **Natureza dos incentivos a serem concedidos** àqueles que adotarem **tecnologia ambiental.**
Estudo de impacto de vizinhança (EIV)	
Trata-se, portanto, de uma **limitação administrativa**, que consiste em um **procedimento prévio** e **obrigatório** de **obtenção delicenças** ou **autorizações** para **construção**, **ampliação** ou **funcionamento**, de empreendimentos e atividades **privados** ou **públicos**, a serem definidos em legislação municipal. São analisados os **potenciais impactos (positivos e negativos)** que um **empreendimento poderá causar em seu entorno**, em razão de seu porte e/ou atividades a serem exercidas; A elaboração do Estudo de Impacto de Vizinhança (EIV) **não substitui** a elaboração e aprovação do Estudo de Impacto Ambiental (EIA) (art. 38 do EC).	
ÂMBITO DE ESTUDO MÍNIMO DO EIV	- Adensamento populacional; - Equipamentos urbanos e comunitários; - Uso e ocupação do solo; - Valorização imobiliária; - Geração de tráfego e demanda por transporte público; - Ventilação e iluminação; - Paisagem urbana e patrimônio natural e cultural.
PLANO DIRETOR	
É o **principalinstrumento norteador da política urbana brasileira**, executada pelos entes públicos municipais. A Carta Magna definiu o plano diretor como **"instrumento básico da política de desenvolvimento e de expansão urbana"**, além de ter condicionado o cumprimento da função social da propriedade urbana ao atendimento das **"exigências fundamentais de ordenação da cidade"** nele expressas. O plano diretor deverá estabelecer as **exigências fundamentais** para que a **propriedade urbana cumpra sua função social,** respeitadas as diretrizes gerais da política urbana fixadas no art. 2º do EC, de forma a assegurar atendimento das necessidades dos cidadãos quanto à: **qualidade de vida**, **justiça social** e o **desenvolvimento das atividades econômicas** (art. 39 do EC).	
CARACTERÍSTICAS RELEVANTES DO PLANO DIRETOR	- **Instrumento básico da política de desenvolvimento e expansão urbana**; - Estabelece as **exigências fundamentais** para que a **propriedade urbana cumpra sua função social**; - Aprovado por **lei ordinária municipal**; - Deve ser revisto, **pelo menos, a cada 10 (dez) anos**; - Suas diretrizes e prioridades serão incorporadas ao **plano plurianual**, **LDO** e **LOA**; - Engloba **todo o território do Município** (urbano e rural); - O processo de elaboração e implementação deve garantir **ampla transparência** e **participação efetiva da sociedade.**

<table>
<tr><th colspan="2">TÓPICO-SÍNTESE: ESTATUTO DA CIDADE (LEI Nº 10.257/2001)</th></tr>
<tr><td>O PLANO DIRETOR É OBRIGATÓRIO PARA AS CIDADES</td><td>- Incluídas no cadastro nacional de Municípios com áreas suscetíveis à ocorrência de deslizamentos de grande impacto, inundações bruscas ou processos geológicos ou hidrológicos correlatos;
- Integrantes de áreas de especial interesse turístico;
- Inseridas na área de influência de empreendimentos ou atividades com significativo impacto ambiental de âmbito regional ou nacional;
- Onde o Poder Público municipal pretenda utilizar os instrumentos: parcelamento ou edificação compulsórios, IPTU progressivo e desapropriação urbanística (art. 182, §4º, CF);
- Com MAIS de 20 mil habitantes;
- Integrantes de regiões metropolitanas e aglomerações urbanas.</td></tr>
<tr><td>CONTEUDO MÍNIMO DO PLANO DIRETOR</td><td>- Delimitação das áreas urbanas onde poderá ser aplicado o parcelamento, edificação ou utilização compulsórios, considerando a existência de infraestrutura e de demanda para utilização;
- Exigências inerentes aos seguintes instrumentos da política urbana: preempção, outorga onerosa do direito de construir, operações urbanas consorciadas, transferência do direito de construir;
- Sistema de acompanhamento e controle.</td></tr>
<tr><td colspan="2">O Estatuto da Cidade ainda prevê a obrigatoriedade de criação de outros dois planos, que deverão ser compatíveis com o plano diretor ou ser inseridos nele, quais sejam: a) Plano de transporte urbano integrado: para cidades com mais de 500 mil habitantes (art. 41, §2º, do EC); b) Plano de rotas acessíveis: para cidades incluídas nas mesmas hipóteses do plano diretor (art. 41, §3º, do EC, incluído pela Lei nº 13.146/15 - Estatuto da Pessoa com Deficiência).</td></tr>
<tr><th colspan="2">GESTÃO DEMOCRÁTICA DE CIDADE.IMPROBIDADE ADMINISTRATIVA</th></tr>
<tr><td colspan="2">A gestão democrática da cidade é concretizada quando se garante a participação efetiva da sociedade no planejamento do espaço urbano. A democracia participativa passa a ser condição de validade dos processos legislativo, administrativo e orçamentário.</td></tr>
<tr><td>INSTRUMENTOS DA GESTÇAO DEMOCRÁTICA DA CIDADE</td><td>- Órgãos colegiados de política urbana, nos níveis nacional, estadual e municipal;
- Debates, audiências e consultas públicas;
- Conferências sobre assuntos de interesse urbano, nos níveis nacional, estadual e municipal;
- Iniciativa popular de projeto de lei e de planos, programas e projetos de desenvolvimento urbano.</td></tr>
<tr><td colspan="2">No art. 52 do Estatuto da Cidade, o legislador federal previu hipóteses que caracterizam a prática de ato de improbidade administrativa pelo Prefeito, ampliando àquelas previstas na Lei nº 8.429/92 (Lei de Improbidade Administrativa).</td></tr>
</table>

TÓPICO-SÍNTESE: ESTATUTO DA CIDADE (LEI Nº 10.257/2001)	
ATOS DE IMPROBIDADE ADMINISTRATIVA PRATICADOS PELO PREFEITO	- **Deixar de proceder, no prazo de 05 (cinco) anos, ao adequado aproveitamento do imóvel incorporado ao patrimônio público**, em razão de desapropriação com pagamento em títulos, conforme o disposto no § 4º do art. 8º do EC; - **Utilizar áreas obtidas por meio do direito de preempção em desacordo** com as finalidades previstas no art. 26 desta Lei, que fundamentaram o exercício do direito de preferência; - **Aplicar os recursos auferidos com a outorga onerosa do direito de construir e de alteração de uso em desacordo** com o previsto no art. 31 do EC; - **Aplicar os recursos auferidos com operações consorciadas em local diverso da própria operação consorciada**, em desacordo com o previsto no § 1º do art. 33 do EC; - **Impedir ou deixar de garantir os requisitos necessário no processo de elaboração e implementação do plano diretor**, contidos nos incisos I a III do § 4º do art. 40 do EC; - **Deixar de tomar as providências necessárias para garantir a revisão do plano diretor, pelo menos, a cada 10 anos**, bem como a sua aprovação compulsória, conforme previsão do § 3º do art. 40 e no art. 50 do EC. - **Adquirir imóvel objeto de direito de preempção**, nos termos dos arts. 25 a 27 do EC, pelo valor da proposta apresentada, se este for, **comprovadamente, superior ao de mercado.**

Capítulo

3

PARCELAMENTO DO SOLO URBANO (LEI Nº 6.766/79)

Leia a lei:

- *Arts. 1º a 55 da Lei 6.766/79.*

1. DISPOSIÇÕES PRELIMINARES

A **Lei nº 6.766/79**, conhecida por **Lei Lehmann** (em homenagem ao senador Otto Lehmann, autor do seu projeto), estabelece**normas gerais** para o **parcelamento do solo urbano**, com vistas a regulamentar o processo de urbanização de uma gleba (área de terreno que ainda não foi dividida/parcelada), mediante sua divisão e redivisão em parcelas destinadas ao exercício das funções urbanísticas (SILVA, 2010, p. 324).

A referida norma possibilita que o Estado exerça o controle da ocupação do solo urbano, a fim de garantir que novas áreas loteadas possam se integrar com a cidadee propiciar, dessa forma, um planejamento urbanístico adequado.

Ainda que realizada por particulares, o parcelamento do solo urbano é uma atividade pública. Isso porque, quando os particulares realizam o parcelamento do solo estão, na verdade, atuando em **colaboração com o Poder Público**.

A **Lei nº 6.766/79** (**LPS**) decorre da competência constitucional da **União (art. 24, I, CF)** de estabelecer**normas gerais**em matéria de Direito Urbanístico, que poderão ser **suplementadas pelos Estados e Municípios (arts. 24, §2º, e 30, I e II, da CF).**

O parcelamento do solo urbano poderá ser concretizado mediante **loteamento** ou **desmembramento** (art. 2º da Lei nº 6.766/79):

FORMAS DE PARCELAMENTO DO SOLO

Loteamento: a subdivisão de gleba em lotes destinados à edificação, com **abertura de novas vias de circulação, de logradouros públicos** ou **prolongamento, modificação ou ampliação das vias existentes** (art. 2º, §1º, da LPS).

Desmembramento: a subdivisão de gleba em lotes destinados à edificação, com aproveitamento do sistema viário existente, desde que **não implique na abertura de novas vias e logradouros públicos, nem no prolongamento, modificação ou ampliação dos já existentes** (art. 2º, §1º, da LPS).

A doutrina apresenta outros conceitos importantes relacionados ao parcelamento do solo urbano:

LOTE	REMEMBRAMENTO	DESDOBRO	ARRUAMENTO
Considera-se lote o **terreno servido de infraestrutura básica, cujas dimensões atendam aos índices urbanísticos definidos pelo plano diretor ou lei municipal** para a zona em que se situe (art. 2°, § 4º, da LPS).	É o **oposto do desmembramento, sendo a união entre duas áreas**, com a criação de uma unidade maior.	**É a repartição do lote, sem necessidade de urbanização ou venda por oferta pública**. Difere do desmembramento porque incide**apenas sobre o lote** e não se destina necessariamente à edificação.	Caracteriza-se **unicamente pela abertura de vias de circulação na gleba**, como início de urbanização. **Não se destina à criação de lotes.**

O loteamento é a forma mais utilizada de parcelamento do solo urbano. Classicamente só havia uma modalidade de loteamento, denominado pela doutrina como "**loteamento tradicional**", com previsão no art. 2º, §1º, da LPS, e conceituado como a subdivisão de gleba em **lotes autônomos,** destinados à edificação, com a **criação de espaços públicos, sem restrição de acesso.**

Com a entrada em vigor da Lei nº 13.465/17, que incluiu os §§7º e 8º ao art. 2º, da LPS, foram criadas duasnovas modalidades de loteamento, quais sejam: **loteamento de acesso controlado** e **loteamento condominial** (também denominado de **condomínio de lotes**).

Pela importância da inovação legislativa, segue quadro esquemático com a distinção das 3 (três) modalidades de loteamento:

QUADRO COMPARATIVO - MODALIDADES DE LOTEAMENTO			
	LOTEAMENTO TRADICIONAL	**LOTEAMENTO DE ACESSO CONTROLADO**	**LOTEAMENTO CONDOMINIAL**
PREVISÃO LEGAL	Art. 2º, §7º, primeira parte, da LPS.	Art. 2º, §8º, da LPS.	Art. 2º, §7º, segunda parte, da LPS.
TIPO DE LOTE	Lotes autônomos	Lotes autônomos	**Lotes integrantes de um condomínio**
DESTINAÇÃO	Edificação	Edificação	Edificação
CRIAÇÃO DE ÁREAS PÚBLICAS	Obrigatoriedade de destinação de áreas públicas (áreas verdes, equipamentos comunitários e vias de circulação).	Obrigatoriedade de destinação de áreas públicas (áreas verdes, equipamentos comunitários e vias de circulação).	**Não há obrigatoriedade de destinação de áreas públicas**, posto que as áreas internas são privadas.
ACESSO AO LOTEAMENTO	Aberto ao público	**Controle de acesso ao público,** mediante ato do Poder Público municipal (vedado o impedimento de acesso).	**Não há acesso ao público**, por se tratar de um empreendimento fechado.

Portanto, o **loteamento de acesso controlado** diferencia-se do **loteamento tradicional** unicamente pelo fato de permitir o **controle de acesso ao público**, por meio de ato do Poder Público municipal. Registre-se, contudo, que é **vedado o impedimento total de acesso** aos espaços públicos integrantes do loteamento (áreas verdes, equipamentos comunitários e vias de circulação).

PREVISÃO LEGAL - LOTEAMENTO DE ACESSO CONTROLADO (art. 2º, §8º, da LPS)
Art. 2º (...) § 8º Constitui loteamento de acesso controlado a modalidade de loteamento, definida nos termos do § 1º deste artigo, cujo controle de acesso será regulamentado por ato do poder público Municipal, sendo vedado o impedimento de acesso a pedestres ou a condutores de veículos, não residentes, devidamente identificados ou cadastrados. (Incluído pela Lei nº 13.465, de 2017).

Já o **loteamento condominial**, também conhecido como "**condomínio de lotes**", como o próprio nome sugere, distingue-se das outras modalidades pelo fato de não ser composto por lotes autônomos, e sim, por **lotes integrantes de um condomínio**. Desse modo, **não existirão áreas públicas**, mas apenas **áreas exclusivas (lotes)** e **áreas comuns**.

Cabe ainda registrar que o legislador federal estabeleceu, no art. 4º, §4º, da LPS, a possibilidade de serem instituídas **limitações administrativas** e **direitos reais sobre coisa alheia** em benefício do Poder Público, da população em geral e da proteção da paisagem urbana. São exemplos dessas limitações: **servidões de passagem**, **usufrutos** e **restrições à construção de muros**.

PREVISÃO LEGAL - LOTEAMENTO CONDOMINAL (CONDOMÍNIO DE LOTES) (arts. 2º, §7º e 4º, §4º, da LPS)
Art. 2º. O parcelamento do solo urbano poderá ser feito mediante loteamento ou desmembramento, observadas as disposições desta Lei e as das legislações estaduais e municipais pertinentes. (...) §7º O lote poderá ser constituído sob a forma de imóvel autônomo ou de unidade imobiliária integrante de condomínio de lotes. (Incluído pela Lei nº 13.465, de 2017);
Art. 4º. Os loteamentos deverão atender, pelo menos, aos seguintes requisitos: (...) § 4º No caso de lotes integrantes de condomínio de lotes, poderão ser instituídas limitações administrativas e direitos reais sobre coisa alheia em benefício do poder público, da população em geral e da proteção da paisagem urbana, tais como servidões de passagem, usufrutos e restrições à construção de muros. (Incluído pela Lei nº 13.465, de 2017).

Por fim, cabe registrar que antes da criação das 2 (duas) novas modalidades de loteamento (acesso controlado e condominial) a doutrina já constatava a existência dos denominados "**loteamentos fechados**", aprovadoscomo loteamentos tradicionais e posteriormente fechados com grades e muros.

Em que pese a figura do "loteamento fechado"não ter previsão legal, o **Supremo Tribunal Federal, no RE nº 607.940/DF (repercussão geral)**, entendeu ser **legítima, sob o aspecto formal e material, a lei municipal que dispõe sobre** formas diferenciadas de ocupação e parcelamento do solo urbano, a exemplo dos chamados **"loteamentos fechados"**, com intuito de inibir a consolidação de situações irregulares, desde que compatíveis com as diretrizes fixadas no plano diretor.

POSIÇÃO DO STF

"EMENTA: CONSTITUCIONAL. ORDEM URBANÍSTICA. COMPETÊNCIAS LEGISLATIVAS. PODER NORMATIVO MUNICIPAL. ART. 30, VIII, E ART. 182, CAPUT, DA CONSTITUIÇÃO FEDERAL. PLANO DIRETOR. DIRETRIZES BÁSICAS DE ORDENAMENTO TERRITORIAL. COMPREENSÃO. 1. A Constituição Federal atribuiu aos Municípios com mais de vinte mil habitantes a obrigação de aprovar Plano Diretor, como "instrumento básico da política de desenvolvimento e de expansão urbana" (art. 182, § 1º). Além disso, atribuiu a todos os Municípios competência para editar normas destinadas a "promover, no que couber, adequado ordenamento territorial, mediante planejamento e controle do uso do solo, do parcelamento e da ocupação do solo urbano" (art. 30, VIII) e a fixar diretrizes gerais com o objetivo de "ordenar o pleno desenvolvimento das funções sociais da cidade e garantir o bem-estar dos habitantes" (art. 182, caput). Portanto, nem toda a competência normativa municipal (ou distrital)

sobre ocupação dos urbanos se esgota na aprovação de Plano Diretor. 2. É legítima, sob o aspecto formal e material, a Lei Complementar Distrital 710/2005, que dispôs sobre uma forma diferenciada de ocupação e parcelamento do solo urbano em loteamentos fechados, tratando da disciplina interna desses espaços e dos requisitos urbanísticos mínimos a serem neles observados. A edição de leis dessa espécie, que visa, entre outras finalidades, inibir a consolidação de situações irregulares de ocupação do solo, está inserida na competência normativa conferida pela Constituição Federal aos Municípios e ao Distrito Federal, e nada impede que a matéria seja disciplinada em ato normativo separado do que disciplina o Plano Diretor. 3. Aprovada, por deliberação majoritária do Plenário, tese com repercussão geral no sentido de que "Os Municípios com mais de vinte mil habitantes e o Distrito Federal podem legislar sobre programas e projetos específicos de ordenamento do espaço urbano por meio de leis que sejam compatíveis com as diretrizes fixadas no plano diretor". 4. Recurso extraordinário a que se nega provimento" (RE 607.940 DF, 2015, Relator Min. Teori Zavascki).

2. INFRAESTRUTURA BÁSICA DOS PARCELAMENTOS

A infraestrutura básica do parcelamento é composta pelo **conjunto mínimo de equipamentos urbanos** necessários à aprovação de um loteamento. O legislador elencou os requisitos básicos no art. 2º, § 5º, da LPS, quais sejam: **escoamento das águas pluviais, iluminação pública, esgotamento sanitário, abastecimento de água potável, energia elétrica pública e domiciliar e vias de circulação.**

Cabe registrar que, nos termos do art. 2º, § 6º, da LPS, quando o **parcelamento do solo se localizar em zonas habitacionais de interesse social** o rol de equipamentos urbanos necessários será reduzido. Segue quadro comparativo:

	QUADRO COMPARATIVO - INFRAESTRUTURA BÁSICA DOS PARCELAMENTOS	
	SITUAÇÕES NORMAIS	**ZONAS HABITACIONAIS DE INTERESSE SOCIAL (ZHIS)**
SEMELHANÇAS	- Vias de circulação; - Escoamento das águas pluviais; - Abastecimento de água potável;	- Vias de circulação; - Escoamento das águas pluviais; - Abastecimento de água potável;
DIFERENÇAS	- Esgotamento sanitário; - Iluminação pública; - Energia elétrica pública e domiciliar.	- **Soluções** para o esgotamento sanitário e para a energia elétrica domiciliar.

A LPS apresenta dois conceitos importantes que não podem ser confundidos: equipamentos urbanos (art. 5º, parágrafo único) e **equipamentos comunitários** (art. 4º, § 2º).

EQUIPAMENTOS PÚBLICOS

EQUIPAMENTOS URBANOS

São os **equipamentos públicos de abastecimento de água, serviços de esgotos, energia elétrica, coletas de águas pluviais, rede telefônica e gás canalizado,** ou seja, aqueles necessários para garantir **a infraestrutura básica (mínima) dos loteamentos**. Deverão ser **implementados pelo loteador**.

EQUIPAMENTOS COMUNITÁRIOS

São os **equipamentos públicos de educação, cultura, saúde, lazer e similares**, ou seja, serão **as áreas doadas pelo loteador ao Município. Não é obrigatório que o loteador realize a construção.**

O art. 3º, parágrafo único, da LPS estabelece as **áreas em queé proibida a realização do parcelamento do solo urbano**. São elas: a) **terrenos alagadiços e sujeitos a inundações,** antes de tomadas as providências para assegurar o escoamento das águas; b) **terrenos aterrados com material nocivo à saúde pública**, sem que sejam previamente saneados; c) **terrenos com declividade igual ou superior a 30% (trinta por cento)**, salvo se atendidas exigências específicas das autoridades competentes; d) **terrenos com condições geológicas que não aconselham a edificação**; e) **áreas de preservação ecológica ou naquelas onde a poluição impeça condições sanitárias suportáveis**, até a sua correção.

Além das vedações acima descritas, a LPS prevê dois outros impedimentos para realização de parcelamento do solo: a) em **zonas rurais** (art. 3º, caput); b) em **áreas de risco definidas como não edificáveis** no plano diretor ou em legislação dele derivada (art. 12, §2º).

ÁREAS EM QUE É PROIBIDO O PARCELAMENTO DO SOLO ⟺

- **Terrenos alagadiços e sujeitos a inundações**, antes de tomadas as providências para assegurar o escoamento das águas;
- **Terrenos aterrados com material nocivo à saúde pública,** sem que sejam previamente saneados;
- **Terrenos com declividade igual ou superior a 30%** (trinta por cento), salvo se atendidas exigências específicas das autoridades competentes;
- **Terrenos com condições geológicas que não aconselham a edificação;**
- **Áreas de preservação ecológica** ou **aquelas onde a poluição impeça condições sanitárias suportáveis**, até a sua correção;
- **Áreas rurais;**
- **Áreas de risco** definidas como **não edificáveis**, no plano diretor ou em legislação dele derivada.

A Lei nº 6.766/79 (LSP) somente admite o parcelamento do solo para fins urbanos em **zonas urbanas**, de **expansão urbana** ou de **urbanização específica.** Por esta razão, a LPS não incidirá em zonas rurais.

ATENÇÃO

A Lei n° 6.766/79 não se aplica a áreas rurais. *O parcelamento para fins urbanos é o que se destina à urbanização, edificação e ocupação, com a finalidade de habitação, indústria ou comércio, enquanto o parcelamento para fins rurais é o que se destina à exploração econômica da terra (agricultura, pecuária, extrativismo ou agroindústria).*

Pela importância do tema, mostra-se necessário tecer algumas considerações sobre a distinção entre**zona urbana, zona de expansão urbana, zona de urbanização específica** e **zona rural**.

De início, cumpre destacar que a divisão da cidade em zonas urbanas e rurais decorre da utilização do instrumento de planejamento urbano denominado zoneamento. Para José Afonso da Silva (2010, p. 236-237), o **zoneamento consiste na repartição do território municipal de acordo com a destinação da terra, o uso do solo ou as características arquitetônicas.**

Segundo Diógenes Gasparini (1988, p. 04), a **zona urbana é constituída por imóveis destinados a fins residenciais, comerciais ou industriais, dotados de equipamentos urbanos** (rede de água, de esgoto, de iluminação pública, de telefonia, entre outros) **e comunitários** (áreas de recreio, educação, cultura, lazer, entre outros).

A doutrina tem admitido o conceito de zona urbana previsto no Código Tributário Nacional. Segundo o art. 32, do CTN, entende-se como zona urbana a definida em lei municipal, observado o **requisito mínimo** de existência de **pelo menos 02 (dois)** dos seguintes equipamentos urbanos: a) **meio-fio ou calçamento, com canalização de águas pluviais;** b) **abastecimento de água;** c) **sistema de esgotos sanitários;** d) **rede de iluminação pública,** com ou sem posteamento para distribuição domiciliar; e) **escola primária ou posto de saúde a uma distância máxima de 3 (três) quilômetros do imóvel** considerado.

Por outro lado, a **zona rural é constituída por imóveis destinados a fins rurais**. Considera-se **imóvel rural** como sendo o prédio rústico, de área contínua, **qualquer que seja a sua localização,** que se **destina à exploração extrativa agrícola, pecuária ou agroindustrial**.

ATENÇÃO

*Em síntese, para que uma área seja considerada **urbana** ou **rural** será necessária a análise de **2 (dois) elementos: finalidade** (destinação) e **existência de equipamentos públicos** (art. 32 do CTN).*

Ressalte-se que a localização da área não é suficiente para classificá-la como urbana ou rural.

Cabe registrar, ainda, que lei municipal pode declarar áreas como sendo **zonas de expansão urbana** (reservadas para o crescimento das cidades e vilas, adjacente à zona urbana) ou **zonas de urbanização específica** (áreas isoladas onde poderão ser exercidas atividades tipicamente urbanas, que não contíguas às demais zonas urbanas do Município).

QUADRO COMPARATIVO - CONCEITOS IMPORTANTES			
ZONA URBANA	**ZONA DE EXPANSÃO URBANA**	**ZONA DE URBANIZAÇÃO ESPECÍFICA**	**ZONA RURAL**
É a área **definida na legislação municipal** como zona urbana-destinada para fins **residenciais, comerciais ou industriais, dotada de equipamentos urbanos** (rede de água, de esgoto, de iluminação pública, de telefonia, entre outros).	É a área **prevista na legislação municipalreservada para o crescimento das cidades** e vilas, **adjacente à zona urbana**.	É a área prevista na **legislação municipal** que está relacionada com a possibilidade de seremexercidas **atividades tipicamente urbanas** em determinado terreno isolado da cidade, **não contíguo às demais zonas urbanas** do Município. Exemplo: distritos industriais.	É a área do território da cidade que **nãoestá enquadrada como zona urbana, de expansão urbana ou de urbanização específica**e que **se destina à exploração extrativa agrícola, pecuária ou agroindustrial**.

3. REQUISITOS URBANÍSTICOS PARA O LOTEAMENTO

Os requisitos são as condições necessárias para a aprovação do loteamento. O **art. 4º da LPS** apresenta os requisitos mínimos que deverão ser atendidos pelo loteador. Cumpre destacar que os Estados e os

Municípios poderão criar outros requisitos, de acordo com suas peculiaridades, desde quenão contrariem a legislação federal.

REQUISITOS URBANÍSTICOS PARA O LOTEAMENTO

- Destinação de **áreas para vias de circulação, equipamentos comunitários, equipamentos urbanos** e **áreas verdes**:
- As **vias de circulação** deverão estar **integradas** com o **sistema viário adjacente**;
- **Dimensão mínima total dos lotes** de **125m²** e **frente mínima** de **5m**, salvo loteamento de interesse social;
- **Faixa não edificante** de **15m de cada lado** das **águas correntes e dormentes e das faixas de domínio público das rodovias e ferrovias**.

ATENÇÃO

A Lei n° 12.608/12, que incluiu o §2º ao art. 12 da LPS, criou um ***novo requisito*** *para a aprovação de um loteamento:* ***necessidade de que o projeto de loteamento atenda aos requisitos constantes da carta geotécnica de aptidão à urbanização.*** *Esta exigência somente se aplica aos* ***Municípios inseridos no cadastro nacional de Municípios com áreas suscetíveis à ocorrência de deslizamentos de grande impacto, inundações bruscas ou processos geológicos ou hidrológicos*** *correlatos.*

Outro requisito *exigido para aprovação de um loteamento urbano é o* ***prévio licenciamento ambiental.*** *Esta exigência decorre da previsão constante no art. 4º, §3º, da LPS, no art. 10 da Lei nº 6.938/81 (Política Nacional de Meio Ambiente) e no anexo I da Resolução nº 237/97 (CONAMA), tendo em vista que o parcelamento do solo para fins urbanos, sob qualquer de suas formas, é considerado empreendimento potencialmente capaz de causar degradação ambiental e, como tal, está condicionado ao prévio licenciamento ambiental.*

No que se refere ao **requisito da obrigatoriedade de destinação de áreas do loteamento para vias de circulação, equipamentos comunitários, equipamentos urbanos e áreas verdes** (denominado pela doutrina como **concurso voluntário** ou **doação legal**), a Lei nº 9.785/99 alterou a LPS, suprimindo a anterior previsão de percentual mínimo a ser doado.

Portanto, ficará a cargo dos Municípios a fixação desse percentual mínimo referente à parcela do loteamento que será transferida obrigatoriamente ao Poder Público municipal, conforme previsão do art. 4º, §1º, da LPS: "A legislação municipal definirá, para cada zona em que se divida o território do Município, os usos permitidos e os índices urbanísticos de parcelamento e ocupação do solo, que incluirão, obrigatoriamente, as áreas mínimas e máximas de lotes e os coeficientes máximos de aproveitamento".

A transferência das referidas áreas para o patrimônio municipal ocorre com o registro no Cartório de Registro de Imóveis, sendo desnecessário qualquer título aquisitivo: "Art. 22. Desde a data de registro do loteamento, passam a integrar o domínio do Município as vias e praças, os espaços livres e as áreas destinadas a edifícios públicos e outros equipamentos urbanos, constantes do projeto e do memorial descritivo".

Ocorre que, o **Superior Tribunal de Justiça**, interpretando o art. 22 da LPS, pacificou o entendimento no sentido de que, **independentemente do registro em cartório imobiliário**, incorporam-se ao domínio do Município as áreas destinadas ao uso comum, **sendo suficiente a aprovação do loteamento.**

POSIÇÃO DO STJ

"ADMINISTRATIVO E PROCESSUAL CIVIL. REINTEGRAÇÃO DE POSSE. LOTEAMENTO. REGISTRO. DESNECESSIDADE. PRECEDENTES. ARTIGO 535, II, CPC. ALEGADA VIOLAÇÃO. NÃO OCORRÊNCIA. DIVERGÊNCIA JURISPRUDENCIAL. NÃO CARACTERIZAÇÃO. (...) 2. Quanto ao mérito, a questão cinge-se em saber se é dispensável ou não a inscrição no registro imobiliário para a comprovação do caráter público da área cujo loteamento foi aprovado pelo Poder Público. Já é pacífico no STJ o entendimento no sentido de que, independentemente do registro em cartório imobiliário, incorporam-se ao domínio do Município as áreas destinadas ao uso comum, sendo suficiente a aprovação do loteamento. Precedentes. (...)" (Resp 900873 SP, 2006, Relator Mauro Campbell Marques).

Outro importante **requisito urbanístico** para a aprovação de loteamentos, que merece especial atenção, é o **respeito à faixa não edificante de 15m de cada lado das águas correntes e dormentes e das faixas de domínio público das rodovias e ferrovias**. Segue quadro esquemático com as principais observações:

OBSERVAÇÕES SOBRE A FAIXA NÃO EDIFICANTE
- Os **Municípios poderão exigir complementarmente**, em cada loteamento, **outras áreas destinadas à reserva de faixa "non aedificandi"** (art. 5º da LPS);
- Se necessário, será exigida, no âmbito do respectivo licenciamento ambiental, a **reserva de faixa não-edificável vinculada a dutovias** (oleodutos, gasodutos, minerodutos e aquedutos), observados critérios e parâmetros que garantam a segurança da população e a proteção do meio ambiente (art. 4º, §3º, da LPS).

ATENÇÃO

Não há conflito entre o art. 4º, III, da LPS e o art. 4º do Código Florestal (Lei nº 12.651/12), *pois as leis tutelam objetos diversos, ambas permanecendo em vigor. Assim, por exemplo, ainda que concedida a autorização para a supressão da vegetação em áreas de preservação permanente - APP, conforme permitido pelo Código Florestal, a faixa de 15 (quinze) metros permanecerá como non aedificandi, por força da LPS.*

A **faixa não edificante**, prevista na LPS, por se tratar de uma limitação administrativa não gera, em regra, direito à indenização. Este é o entendimento do Superior Tribunal de Justiça:

POSIÇÃO DO STJ

"PROCESSUAL CIVIL E ADMINISTRATIVO. ART. 535 DO CPC. ALEGAÇÃO GENÉRICA. AÇÃO DE INDENIZAÇÃO. OLEODUTO. AREA NON AEDIFICANDI. LEI DE PARCELAMENTO DO SOLO URBANO. 1. O recurso especial foi interposto nos autos de ação de desapropriação indireta, postulando-se indenização consistente no valor da área non aedificandi ao redor de oleodutos existentes no imóvel do autor. (...) 3. É indevido o direito à indenização se o imóvel for adquirido após o implemento da limitação administrativa, porque se supõe que as restrições de uso e gozo da propriedade já foram consideradas na fixação do preço. 4. Recurso especial conhecido em parte e provido" (Resp 1126525 SP, 2010, Relator Castro Meira).

4. APRESENTAÇÃO DO PROJETO, APROVAÇÃO E REGISTRO DO PARCELAMENTO DO SOLO

O procedimento de **apresentação do projeto, aprovação e registro** do parcelamento do solo (loteamento e desmembramento) é previsto pela LPS, nos arts. 6º ao 24, os quais serão analisados a seguir.

4.1. Apresentação do projeto

A apresentação do projeto de loteamento ocorre em duas fases: **preliminar** e **definitiva.**

Na **preliminar,** o interessado, antes mesmo da elaboração do projeto de loteamento, deverá solicitar que a Prefeitura Municipal defina as diretrizes para o uso do solo, traçado dos lotes, do sistema viário, dos espaços livres e das áreas reservadas para equipamento urbano e comunitário (art. 6º da LPS).

Na **definitiva**, após as orientações apresentadas pela Prefeitura na fase preliminar, o projeto deverá ser entregue em sua versão definitiva, para análise final e aprovação (art. 9º da LPS).

QUADRO COMPARATIVO - DOCUMENTOS ANEXOS AO PROJETO DE LOTEAMENTO	
FASE PRELIMINAR	**FASE DEFINITIVA**
- **Divisas da gleba;** - **Curvas de nível à distância adequada;** - **Localização dos cursos d'água, bosques e construções;** - Indicação dos **arruamentos contíguos** a todo o perímetro, a **localização das vias de comunicação,** das **áreas livres**, dos **equipamentos urbanos** e **comunitários** existentes no local ou em suas adjacências; - **Tipo de uso predominante** a que o loteamento se destina; - **Características, dimensões** e **localização** das **zonas de uso contíguas.**	- **Desenhos;** - **Memorial descritivo;** - **Cronograma de execução das obras** (duração máxima de 04 anos); - **Certidão atualizada da matrícula da gleba** (Cartório de Registro de Imóveis); - **Certidão negativa de tributos municipais;** - **Instrumento de garantia.**

ATENÇÃO

*Lei Municipal poderá dispensar a fase preliminar em duas hipóteses: a) quando o **Município** tiver **menos de 50 (cinquenta) mil habitantes**; ou b) quando o **plano diretor** contiver **diretrizes de urbanização** para a área que se pretende parcelar (art. 8º da LPS).*

Ressalte-se que, na fase preliminar, a **Prefeitura Municipal indicará** nas plantas apresentadas junto ao requerimento do interessado (art. 7º da LPS): a) as ruas ou estradas existentes ou projetadas, que compõem o sistema viário da cidade e do município; b) o traçado básico do sistema viário principal; c) a localização aproximada dos terrenos destinados a equipamento urbano e comunitário e das áreas livres de uso público; d) as faixas sanitárias do terreno necessárias ao escoamento das águas pluviais e as faixas não edificáveis; e) a zona ou zonas de uso predominante da área, com indicação dos usos compatíveis.

ATENÇÃO

*Essas diretrizes indicadas pela Prefeitura vigorarão pelo **prazo máximo de 04 (quatro) anos** (art. 7º, parágrafo único, da LPS). De igual forma, o loteadortambém terá o **prazo de 04 (quatro) anos** para **concluir as obras de implantação do loteamento** (art. 9º da LPS).*

4.2. Aprovação do projeto

A aprovação do projeto de parcelamento é de **competência exclusiva do Município**, que analisará o atendimento pelo interessado, no projeto definitivo, das diretrizes apontadas na fase preliminar.

Registre-se que, em **3 (três) hipóteses, a aprovação do projeto de loteamento ou desmembramento pelos Municípios será disciplinada pelos Estados** (art. 13 da LSP). São elas:

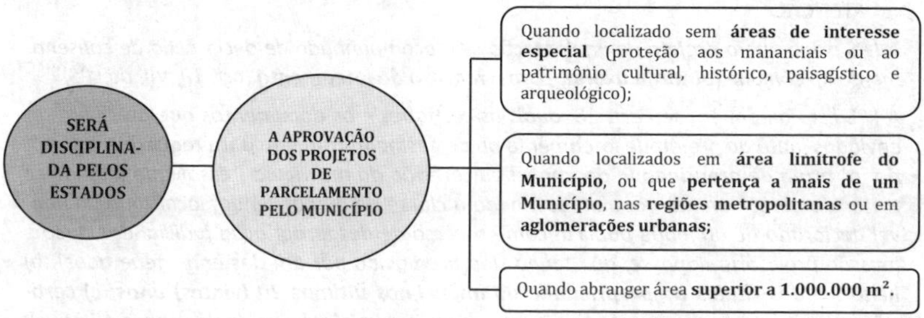

A LPS deixou a cargo da **legislação municipal** a fixação dos seguintes **prazos:** a) **aprovação** ou **rejeição dos projetos**; e b) **aceitação** ou **recusa das obras de urbanização** (art. 16 da LPS). Porém, na hipótese de omissão da legislação municipal, a LPS estabeleceu o **prazo de 90 (noventa) dias** para aceitação e rejeição do projeto, e o **prazo de 60 (sessenta) dias** para a aceitação ou recusa das obras de urbanização (art. 16, §2º, da LPS).

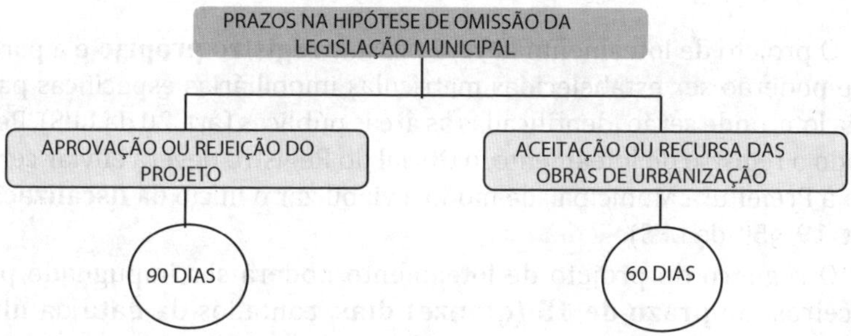

ATENÇÃO

Transcorridos os prazos sem a manifestação do Poder Público o ***projeto será considerado rejeitado*** *ou* ***as obras recusadas****, assegurada a indenização por eventuais danos derivados da omissão (art. 16, §1º).*

4.3. Registro do projeto

Após a aprovação pela Prefeitura, o **loteador** deverá **registrar o projetode implantação** do loteamento ou do desmembramento no **Cartório de Registro de Imóveis,** no **prazo** de **até** de **180 (cento e oitenta)**

dias, sob pena de **caducidade da aprovação**, acompanhado dos documentos relacionados no art. 18 da LPS.

ATENÇÃO

*A LPS exige que o projeto de implantação seja acompanhado de declaração de consentimento do cônjuge (**outorga uxória**) para o **registro do loteamento** (art. 18, VII, da LPS).*

*A LPS lista ainda, em seu art. 18, quais as **certidões** e os **documentos** que precisam ser enviados junto ao projetode loteamento ou de desmembramento para **registro** em cartório: a) **título de propriedade do imóvel** ou **certidão da matrícula** (ressalvado quando se tratar de parcelamento popular, destinado a classe de menor renda, localizadoem imóvel declarado de utilidade pública, com processo de desapropriação judicial em curso e imissão provisória daposse, que tenha sido promovido por um dos entes federados); b) **histórico dos títulos de propriedade do imóvel,nos últimos 20 (vintes) anos**; c) **certidões negativas de tributos federais, estaduais e municipais** incidentes sobre o **imóvel**; d) **certidão negativa de ações reais** referentes ao imóvel, **nos últimos 10 (dez) anos**; e) **certidão negativa de ações penais** com respeito ao crime contra o patrimônio e contra a Administração Pública; f) **certidão**, pelo período de **10 (dez) anos**, dos cartórios de **protestos de títulos**, de **ações pessoais** relativas ao loteador, de **ônus reais** relativos ao imóvel e de **ações penais** contra o loteador.*

*A **existência de protestos**, de **ações pessoais** ou de **ações penais**, exceto as referentes a crime contra o patrimônioe contra a administração, **não impedirá o registro** do loteamento **se o requerente comprovar que esses protestos ou ações não poderão prejudicar os adquirentes dos lotes** (art. 18, § 2º, da LPS).*

O projeto de loteamento deverá possuir **registro próprio** e a partir dele poderão ser estabelecidas matrículas imobiliárias específicas para cada lote, onde serão identificadas as áreas públicas (art. 20 da LPS). Realizado o registro do loteamento, o Oficial do Registro deverá enviar certidão à Prefeitura Municipal, de modo a viabilizar o início da **fiscalização** (art. 19, §5º, da LPS).

O registro do projeto de loteamento poderá ser impugnado por terceiros, no **prazo de 15 (quinze) dias**, contados da **data** da **última publicação do edital** do pedido de registro. Findo o prazo sem impugnação, será imediatamente feito o registro. **Em caso de impugnação, o Oficial do Registro de imóveis intimará o requerente e o Município, para se manifestarem, no prazo de 5 (cinco) dias**. O processo, com impugnação e manifestações, será enviado ao juiz competente, que, depois de ouvir Ministério Público no prazo de 5 (cinco) dias, decidirá o caso de plano ou após instrução sumária (art. 19 da LPS).

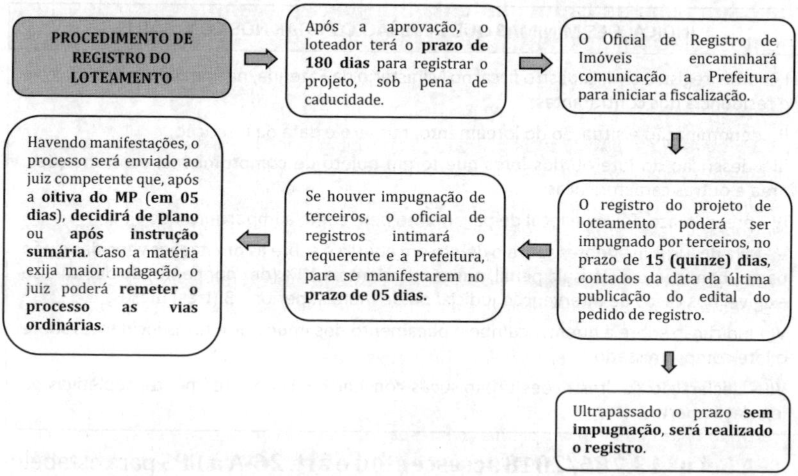

Loteamento intermunicipal ocorrerá quando o empreendimento **abranger mais de um Município**. Nesse caso, cabe ao **loteador** buscar **primeiro** o **registro** no**Município**onde se localiza a **maior parte do empreendimento** e, posteriormente, na menor parte. O loteamento pode ser intermunicipal, já o **lote não pode estar situado em mais de uma circunscrição** (art. 21, §1º, da LPS).

Eventuais **alterações** ou **cancelamentos** do loteamento registrado **dependerão de acordo entre o loteador** e **os adquirentes de lotes** atingidos, bem como da **aprovação pela Prefeitura Municipal** (art. 28 da LPS).

ATENÇÃO

A Lei de Registros Públicos (Lei nº 6.015/73), no seu art. 195-A, possibilita que o Município solicite a ***abertura de matrícula*** *das* ***áreas públicas*** *constantes no projeto de loteamento, ainda que o referido projeto não tenha sido inscrito ou registrado no Cartório de Registro de Imóveis.*

O art. 44 da LPS permite que ***o Município, o Distrito Federal*** *e* ***o Estado*** *possam****expropriar áreas urbanas*** *ou de* ***expansão urbana*** *para* ***reloteamento, demolição, reconstrução*** *e* ***incorporação****, ressalvada a preferência dos expropriados para a aquisição de novas unidades.*

5. DOS CONTRATOS

Os **compromissos de compra e venda**, as **cessões** ou **promessas de cessão**, celebrados entre o loteador e os adquirentes dos lotes, são **irretratáveis** e poderão ser formalizados por **escritura pública** ou por **instrumento particular** (arts. 25 e 26 da LPS).

INDICAÇÕES MÍNIMAS QUE DEVERÃO CONSTAR NOS CONTRATOS
I - nome, registro civil, cadastro fiscal no Ministério da Fazenda, nacionalidade, estado civil e residência dos contratantes;
II - denominação e situação do loteamento, número e data da inscrição;
III - descrição do lote ou dos lotes que forem objeto de compromissos, confrontações, área e outras características;
IV - preço, prazo, forma e local de pagamento bem como a importância do sinal;
V - taxa de juros incidentes sobre o débito em aberto e sobre as prestações vencidas e não pagas, bem como a cláusula penal, nunca excedente a 10% (dez por cento) do débito e só exigível nos casos de intervenção judicial ou de mora superior a 3 (três) meses;
VI - indicação sobre a quem incumbe o pagamento dos impostos e taxas incidentes sobre o lote compromissado;
VII - declaração das restrições urbanísticas convencionais do loteamento, supletivas da legislação pertinente.

A **Lei nº 13.786/2018 acrescentou o art. 26-A à LPS** para estabelecer que os contratos de compra e venda, cessão ou promessa de cessão de loteamento devem ser iniciados por **quadro-resumo**, que deverá conter, além das informações acima transcritas, as seguintes:

INFORMAÇÕES QUE DEVERÃO CONSTAR NO QUADRO-RESUMO DOS CONTRATOS
I - o preço total a ser pago pelo imóvel;
II - o valor referente à corretagem, suas condições de pagamento e a identificação precisa de seu beneficiário;
III - a forma de pagamento do preço, com indicação clara dos valores e vencimentos das parcelas;
IV - os índices de correção monetária aplicáveis ao contrato e, quando houver pluralidade de índices, o período de aplicação de cada um;
V - as consequências do desfazimento do contrato, seja mediante distrato, seja por meio de resolução contratual motivada por inadimplemento de obrigação do adquirente ou do loteador, com destaque negritado para as penalidades aplicáveis e para os prazos para devolução de valores ao adquirente;
VI - as taxas de juros eventualmente aplicadas, se mensais ou anuais, se nominais ou efetivas, o seu período de incidência e o sistema de amortização;
VII - as informações acerca da possibilidade do exercício, por parte do adquirente do imóvel, do direito de arrependimento previsto no art. 49 da Lei nº 8.078, de 11 de setembro de 1990 (Código de Defesa do Consumidor), em todos os contratos firmados em estandes de vendas e fora da sede do loteador ou do estabelecimento comercial;
VIII - o prazo para quitação das obrigações pelo adquirente após a obtenção do termo de vistoria de obras;
IX - informações acerca dos ônus que recaiam sobre o imóvel;
X - o número do registro do loteamento ou do desmembramento, a matrícula do imóvel e a identificação do cartório de registro de imóveis competente;
XI - o termo final para a execução do projeto e a data do protocolo do pedido de emissão do termo de vistoria de obras.

Uma vez constatada a ausência de alguma das informações indicadas, será concedido um **prazo de 30 (trinta) dias**para **aditamento do contrato** e **saneamento da omissão**, sob pena de caracterizar justa causa para rescisão contratual por parte do adquirente (art. 26-A, §1º, da LPS).

Aquele que **adquirir a propriedade loteada** mediante **ato *inter vivos***, ou por **sucessão *causa mortis***, **sucederá** o transmitenteem todos os seus **direitos e obrigações** (art. 29 da LPS). Nesse caso, ficará obrigado a respeitar os compromissos de compra e venda ou as promessas de cessão.

Vencida e **não paga a prestação**, o contratoserá considerado **rescindido 30 (trinta) dias depois de constituído em mora o devedor**. O devedor-adquirente será intimado, a requerimento do credor, pelo Oficial do Registro de Imóveis, para satisfazer as prestações vencidas e as que se vencerem até a data do pagamento. Não havendo o pagamento em cartório, o vendedor requererá ao Oficial do Registro o cancelamento da averbação (art. 32da LPS).

Por outro lado, se o **credor das prestações** se **recusar a recebê-las**, **será notificado pelo Oficial do Registro de Imóveis** para receber as importâncias depositadas pelo devedor no próprio Cartório de Registro de Imóveis. **Decorridos 15 (quinze) dias do recebimento da intimação, considerar-se-á efetuado o pagamento**, a menos que o credor impugne o depósito (art. 33 da LPS).

O **art. 32-A da LPS, incluído pela Lei nº 13.786/2018**, estabelece o regramento para **restituição dos valores pagos pelo adquirente que deu causa à resolução contratual.** O montante deverá ser restituído, no **prazo de 12 (doze) meses**, devidamente **atualizado** com base no índice contratualmente estabelecido para correção monetária das parcelas do preço do imóvel, **podendo ser descontados os seguintes itens:**I - os valores correspondentes à eventual fruição do imóvel, até o equivalente a 0,75% (setenta e cinco centésimos por cento) sobre o valor atualizado do contrato, cujo prazo será contado a partir da data da transmissão da posse do imóvel ao adquirente até sua restituição ao loteador; II - o montante devido por cláusula penal e despesas administrativas, inclusive arras ou sinal, limitado a um desconto de 10% (dez por cento) do valor atualizado do contrato; III - os encargos moratórios relativos às prestações pagas em atraso pelo adquirente; IV - os débitos de impostos sobre a propriedade predial e territorial urbana, contribuições condominiais, associativas ou outras de igual natureza que sejam a estas equiparadas e tarifas vinculadas ao lote, bem como tributos, custas e emolumentos incidentes sobre a restituição e/ou rescisão; V - a comissão de corretagem, desde que integrada ao preço do lote.

ATENÇÃO

***Cancelado o registro por inadimplemento do contrato** após o **pagamento de mais de 1/3 do preço ajustado**, o oficial do registro deverá adotar as seguintes providências: 1º Mencionará esse fato e a quantia paga no ato do cancelamento; 2º Somente efetuará novo registro relativo ao mesmo lote, mediante apresentação do **distrato assinado pelas partes** e a **comprovação do pagamento da parcela única ou da primeira parcela** referente a restituição do valor pago pelo adquirente (na forma do art. 32-A da LPS), ou mediante **depósito em dinheiro no registro de imóveis** (Art. 35, caput, da LSP, alterado pela Lei nº Lei nº 13.786/2018).*

No casode **rescisão** por **inadimplemento do adquirente**, as **benfeitorias necessárias eúteis** deverão ser **indenizadas**, não produzindo efeito disposição contratual em contrário. Contudo, **não serão indenizadas as benfeitorias executadas em desconformidade com o contrato ou com a lei** (art. 34, caput e §1º, da LPS).

A **Lei nº 13.786/2018 acrescentou o §2º ao art. 34 da LPS** para prever a obrigação do **loteador**de alienar o imóvel através de **leilão judicial** ou **extrajudicial**, no **prazo de 60 (sessenta) dias**, contados da constituição em **mora do adquirente** inadimplente (art. 34, §2º, da LSP).

O cancelamento do registro compromisso, cessão ou promessa de cessão poderá ocorrer de 3 (três) formas: a) **decisão judicial**; b) **requerimento conjunto** das partes contratantes; c) **rescisão do contrato.**

ATENÇÃO

*O art. 36-A da LPS, incluído pela Lei nº 13.465/17 (regularização fundiária urbana e rural), prevê que as**atividades desenvolvidas pelas associações de moradores dos loteamentos**, desde que não tenham fins lucrativos, em razão da **similitude, assemelham-se àquelas realizadas pelas administradoras de imóveis**.*

6. LOTEAMENTO CLANDESTINO E IRREGULAR

A LPS estabelece o regramento para que a implantação de um loteamento ocorra de forma regular. Todavia, na prática, muitos loteadores criam empreendimentos sem a observância das normas legais, ensejando surgimento dos **loteamentos clandestinos** e **loteamentos irregulares**.

LOTEAMENTOS CLANDESTINOS

-Implantados **sem** receber qualquer **aprovação pela Prefeitura.**

LOTEAMENTOS IRREGULARES

- **Aprovados** pela Prefeitura, porém **não são registrados** junto ao Cartório de Registro de Imóveis;

- **Aprovados** pela Prefeitura e **registrados** em Cartório, porém **implantados de forma diversa.**

ATENÇÃO

Nos termos do art. 50, I e II, da LPS, constitui ***crime contra Administração Públicainiciar*** *a implantação de* ***loteamento*** *ou* ***desmembramento sem autorização*** *do Município* ***(loteamento clandestino)****, bem como se a* ***implantação ocorrer de forma diversa da aprovada (loteamento irregular)****.*

Verificadas irregularidades na implantação do loteamento ou desmembramento, a notificação para que o loteador regularize e, eventualmente, implante os equipamentos urbanos faltantes, poderá ser realizada: a) pelo **adquirente do lote**; b) pela **Prefeitura ou DF**; c) pelo **Ministério Público** (art. 38, caput e §2º, da LPS).

Constatada a irregularidade, o adquirente do lote deverá **suspender o pagamento das prestações restantes** e **notificar o loteador** para suprir a falta. A partir de então, o adquirente efetuará a consignação em pagamento das prestações devidas (art. 38 da Lei n° 6.766/79 e art. 840, I, CPC).

Não sendo supridas as irregularidades, mesmo **após a notificação**, o **Município**ou o **DF, poderá regularizar** oloteamento ou desmembramento. A título de ressarcimento dos custos da regularização e da construção dos equipamentos urbanos, será possível requerer autorização judicial para realizar o **levantamento dos valores depositados pelos adquirentes** (art. 40, §1º, da LPS).

Sobre a responsabilidade do Município é necessária atenção especial, pois o tema gerou posicionamentos divergentes no**Superior Tribunal de Justiça**. O cerne da controvérsia é a interpretação do art. 40 da LPS: "A Prefeitura Municipal, ou o Distrito Federal quando for o caso, se desatendida pelo loteador a notificação, poderá regularizar loteamento ou desmembramento não autorizado ou executado sem observância das determinações do ato administrativo de licença, para evitar lesão aos seus padrões de desenvolvimento urbano e na defesa dos direitos dos adquirentes de lotes".

De início, cumpre destacar que **é incontroversoo** fato de que **o Município tem o poder-dever de agir para fiscalizar e regularizar o loteamento irregular**, pois é o **responsável pelo parcelamento, uso e ocupação do solo urbano**, atividade essa que tem natureza **vinculada**.

POSIÇÃO DO STJ

"PROCESSUAL CIVIL. LOTEAMENTO. MUNICÍPIO. PODER-DEVER. LEGITIMIDADE. 1. A jurisprudência do STJ é no sentido de que o Município tem o poder-dever de agir para fiscalizar e regularizar loteamento irregular, pois é o responsável pelo parcelamento, uso e ocupação do solo urbano, atividade essa que é vinculada. 2. Agravo Regimental não provido" (AgRg no AREsp: 446051 SP, 2013, Rel. Min.Herman Benjamin)

POSIÇÃO DO STJ

"Se o Município omite-se no dever de controlar loteamentos e parcelamentos de terras, o Poder Judiciário pode compeli-lo ao cumprimento de tal dever". (REsp: 292846 SP, 2002, Rel. Min. Humberto Gomes de Barros).

Tal fato nunca teve maiores questionamentos. A grande celeuma está em saber se o **Município**, além de responsável pela fiscalização e regularização, estaria ainda obrigado a realizar as **obras de infraestrutura nos loteamentos irregulares e clandestinos** (equipamentos urbanos).

O STJ imputava a responsabilidade pela realização das obras de infraestrutura aos Municípios, ora de forma solidária, ora de forma subsidiária, com o loteador infrator. **Todavia, o referidoTribunal modificou o posicionamento anteriormente adotado**, passando a entender que o art. 40 da LPS confere ao Município a **faculdade** de **promover a realização de obras de infraestrutura**, sob o critério de oportunidade e conveniência.

Em importante julgamento, o Ministro Cesar Asfor Rocha asseverou que a norma transcrita concede ao município o direito, e não a obrigação, de realização de obras de infraestrutura em loteamento. O verbo utilizado pelo legislador ("poderá"), no art. 40 da LPS, revela uma faculdade da municipalidade:

POSIÇÃO DO STJ

"RECURSO ESPECIAL. RESPONSABILIDADE DO MUNICÍPIO. LOTEAMENTO. OBRAS DE INFRA--ESTRUTURA. EXEGESE DO ART. 40 DA LEI N. 6.766/79. - O art. 40 da Lei n. 6.766/1979 confere ao município a faculdade de promover a realização de obras de infra-estrutura em loteamento, sob seu o critério de oportunidade e conveniência. Recurso especial não conhecido." (REsp 859.905/RS, 2012, Rel. Min.Mauro Campbell Marques).

POSIÇÃO DO STJ

"PROCESSUAL CIVIL E ADMINISTRATIVO. EMBARGOS DE DECLARAÇÃO RECEBIDOS COMO AGRAVO REGIMENTAL. PRINCÍPIOS DA ECONOMIA PROCESSUAL E DA FUNGIBILIDADE. RESPONSABILIDADE DO MUNICÍPIO. LOTEAMENTO. OBRAS DE INFRAESTRUTURA. EXEGESE DO ART. 40 DA LEI N. 6.766/79. DISCRICIONARIEDADE ADMINISTRATIVA. 1. (...) 2. Segundo entendimento do Superior Tribunal de Justiça, "o Município tem o poder-dever de agir para fiscalizar e regularizar loteamento irregular, pois é o responsável pelo parcelamento, uso e ocupação do solo urbano, atividade essa que é vinculada" (AgRg no AREsp 446.051/SP, Rel. Ministro Herman Benjamin, Segunda Turma, julgado em 27/03/2014, DJe 22/04/2014.). 3. Todavia, "o art. 40 da Lei n. 6.766/1979 concede ao município o direito e não a obrigação de realização de obras de infraestruturas em loteamento, o que revela uma faculdade do ente federativo, sob o critério de conveniência e oportunidade" (REsp 859.905/RS, Rel.Ministro Mauro Campbell Marques, Rel. p/ Acórdão Ministro Cesar Asfor Rocha, Segunda Turma, julgado em 1º/09/2011, DJe 16/03/2012). Embargos de declaração recebidos como agravo regimental, mas improvido". (EDcl no REsp 1459774/RS, 2015, Rel. Min.Humberto Martins).

Por fim, registre-se que, uma vez constatada a implantação de **loteamento irregular**, a **destinação das áreas públicas não poderá ser alterada**, sem prejuízo da aplicação das sanções administrativas, civis e criminais previstas. Ainda, o loteador sofrerá uma das seguintes consequências: a) **ressarcir** o Município em **dinheiro;** ou b) **destinar** ao Município **área equivalente ao dobro da diferença entre o exigido pela lei e o efetivamente transferido** (art. 43 da LPS).

7. CRIMES DA LEI DO PARCELAMENTO

Os arts. 50 a 52, da LPS, tipificam**crimes contra Administração Pública**, em que obem jurídico tutelado é a correta e ordenada ocupação do solo para fins urbanos, ou seja, é a ordem urbanística.

	CRIMES CONTRA A ADMINISTRAÇÃO PÚBLICA PREVISTOS NA LPS			
TIPO PENAL	- **Dar início ou efetuar** loteamento **sem autorização;** - Dar início a loteamento **em desacordo com a legislação.**	- **Dar início ou efetuar** loteamento **sem observância das determinações do ato de licença.**	- **Fazer ou veicular em proposta,** **afirmação falsa** sobre a legalidade de loteamento; - **Ocultar, de forma fraudulenta,** fato relativo aoloteamento.	- **Registrar** loteamento **não aprovado**; - **Registrar contrato**de compromisso de compra e venda, cessão, promessa de cessão ou venda, de loteamento **não registrado**.
PENA APLICÁVEL	Reclusão, de 1a 4 anos, e multa de 5 a 50 vezes o maior salário mínimo vigente no País.			Detenção, de 1 a 2 anos, e multa de 5 a 50 vezes o maior salário mínimo vigente no País, sem prejuízo das sanções administrativas.

Os crimes previstos no art. 50 da LPS serão **qualificados** quando cometidos: "I - por meio de venda, promessa de venda, reserva de lote ou quaisquer outros instrumentos que manifestem a intenção de vender lote em loteamento ou desmembramento não registrado no Registro de Imóveis competente; II - com inexistência de título legítimo de propriedade do imóvel loteado ou desmembrado, ressalvado o disposto no art. 18, §§ 4o e 5o, desta Lei, ou com omissão fraudulenta de fato a ele relativo, se o fato não constituir crime mais grave; Pena: Reclusão, de 1 (um) a 5 (cinco) anos, e multa de 10 (dez) a 100 (cem) vezes o maior salário mínimo vigente no País".

Aqueles que concorrerem à prática de algum dos crimes, previstos no art. 50 da LPS, incidem nas penas a estes cominadas (art. 51 da LSP).

Os tipos penais previstos na LPS são classificados como**crimes instantâneos de efeitos permanentes**. Considera-se instantâneo porque a consumação se dá em um só momento (início do loteamento), ede efeitos permanentestendo em vista que seus efeitos se protraem no tempo, ou seja, a consumação continua ocorrendo enquanto perdurar a situação.

POSIÇÃO DO STJ

"AGRAVOS REGIMENTAIS. RECURSO ESPECIAL. DIREITO PENAL E LEGISLAÇÃO EXTRAVAGANTE. LEI N. 6.766/1979. LEI DO PARCELAMENTO DO SOLO URBANO. MARCO A QUO DA PRESCRIÇÃO. DELITO INSTANTÂNEO DE EFEITOS PERMANENTES. OCORRÊNCIA DE PRESCRIÇÃO IN CASU. RESTABELECIMENTO DA SENTENÇA. EXTINÇÃO DA PUNIBILIDADE VERIFICADA. 1. O crime de loteamento irregular de solo urbano possui natureza de crime instantâneo de efeitos permanente, isto é, o marco inicial do prazo prescricional é a data do início do loteamento, ou seja, a da consumação. 2. (...)". (AgInt no REsp: 1580947 RS, 2016, Rel. Min. Sebastião Reis Júnior).

8. TÓPICO-SÍNTESE

<table>
<tr><th colspan="3">TÓPICO-SÍNTESE: PARCELAMENTO DO SOLO</th></tr>
<tr><td colspan="3">A Lei nº 6.766/79, conhecida por Lei Lehmann (em homenagem ao senador Otto Lehmann, autor do seu projeto), estabelece normas gerais para o parcelamento do solo urbano, com vistas a regulamentar o processo de urbanização de uma gleba (área de terreno que ainda não foi dividida/parcelada), mediante sua divisão e redivisão em parcelas destinadas ao exercício das funções urbanísticas.
A Lei nº 6.766/79 (LPS) decorre da competência constitucional da União (art. 24, I, CF) de estabelecer normas gerais em matéria de Direito Urbanístico, que poderão ser suplementadas pelos Estados e Municípios (arts. 24, §2º, e 30, I e II, da CF).</td></tr>
<tr><td rowspan="2">FORMAS DE PARCELAMENTO DO SOLO</td><td>LOTEAMENTO</td><td>É a subdivisão de gleba em lotes destinados à edificação, com abertura de novas vias de circulação, de logradouros públicos ou prolongamento, modificação ou ampliação das vias existentes (art. 2º, §1º, da LPS).</td></tr>
<tr><td>DESMEMBRAMENTO</td><td>É a subdivisão de gleba em lotes destinados à edificação, com aproveitamento do sistema viário existente, desde que não implique na abertura de novas vias e logradouros públicos, nem no prolongamento, modificação ou ampliação dos já existentes (art. 2º, §1º, da LPS).</td></tr>
<tr><td rowspan="4">CONCEITOS IMPORTANTES RELACIONADOS AO PARCELAMENTO DO SOLO</td><td>LOTE</td><td>Considera-se lote o terreno servido de infraestrutura básica, cujas dimensões atendam aos índices urbanísticos definidos pelo plano diretor ou lei municipal para a zona em que se situe (art. 2°, § 4º, da LPS).</td></tr>
<tr><td>REMEMBRAMENTO</td><td>É o oposto do desmembramento, sendo a união entre duas áreas, com a criação de uma unidade maior.</td></tr>
<tr><td>DESDOBRO</td><td>É a repartição do lote, sem necessidade de urbanização ou venda por oferta pública. Difere do desmembramento porque incideapenas sobre o lote e não se destina necessariamente à edificação.</td></tr>
<tr><td>ARRUAMENTO</td><td>Caracteriza-se unicamente pela abertura de vias de circulação na gleba, como início de urbanização. Não se destina à criação de lotes.</td></tr>
</table>

TÓPICO-SÍNTESE: PARCELAMENTO DO SOLO

O loteamento é a forma mais utilizada de parcelamento do solo urbano. Classicamente, só havia uma modalidade de loteamento, denominado pela doutrina como **"loteamento tradicional",** com previsão no art. 2º, §1º, da LPS, e conceituado como a subdivisão de gleba em **lotes autônomos,** destinados à edificação, com a **criação de espaços públicos, sem restrição de acesso.** Com a entrada em vigor da Lei nº 13.465/17, que incluiu os §§7º e 8º ao art. 2º, da LPS, foram criadas duas novas modalidades de loteamento, quais sejam: **loteamento de acesso controlado** e **loteamento condominial** (também denominado de **condomínio de lotes**).

LOTEAMENTO TRADICIONAL (Art. 2º, §7º, primeira parte, da LPS)	Lotes autônomos.	Destinados a Edificação.	Obrigatoriedade de destinação de áreas públicas (áreas verdes, equipamentos comunitários e vias de circulação).	**Aberto ao público**
LOTEAMENTO DE ACESSO CONTROLADO (Art. 2º, §8º, da LPS)	Lotes autônomos.	Destinados a Edificação.	Obrigatoriedade de destinação de áreas públicas (áreas verdes, equipamentos comunitários e vias de circulação).	**Controle de acesso ao público,** mediante ato do Poder Público municipal (vedado o impedimento de acesso).
LOTEAMENTO CONDOMINIAL (Art. 2º, §7º, segunda parte, da LPS)	**Lotes integrantes de um condomínio.**	Destinados a Edificação.	**Não há obrigatoriedade de destinação de áreas públicas**, posto que as áreas internas são privadas.	**Não há acesso ao público**, por se tratar de um empreendimento fechado.

Por fim, cabe registrar que antes da criação das 2 (duas) novas modalidades de loteamento (acesso controlado e condominial) a doutrina já constatava a existência dos denominados "**loteamentos fechados**", aprovados como loteamentos tradicionais e posteriormente fechados com grades e muros. Em que pese a figura do "loteamento fechado" não ter previsão legal, o **Supremo Tribunal Federal, no RE nº 607.940/DF (repercussão geral),** entendeu ser **legítima, sob o aspecto formal e material, a lei municipal que dispõe sobre** formas diferenciadas de ocupação e parcelamento do solo urbano, a exemplo dos chamados **"loteamentos fechados"**, com intuito de inibir a consolidação de situações irregulares, desde que compatíveis com as diretrizes fixadas no plano diretor.

INSFRAESTRUTURA BÁSICA DOS PARCELAMENTOS

A **infraestrutura básica do parcelamento** é composta pelo **conjunto mínimo de equipamentos urbanos** necessários à aprovação de um loteamento. O legislador elencou os requisitos básicos no art. 2º, § 5º, da LPS, quais sejam: **escoamento das águas pluviais, iluminação pública, esgotamento sanitário, abastecimento de água potável, energia elétrica pública e domiciliar e vias de circulação**.

EQUIPAMENTOS URBANOS	São os equipamentos públicos de **abastecimento de água, serviços de esgotos, energia elétrica, coletas de águas pluvais, rede telefônica e gás canalizado**, ou seja, aqueles necessários para **garantir a infraestrutura básica (mínima) dos loteamentos**. Deverão ser **implementados pelo loteador**.
EQUIPAMENTOS COMUNITÁRIOS	São os **equipamentos públicos de educação, cultura, saúde, lazer e similares**, ou seja, serão as **áreas doadas pelo loteador ao Município. Não é obrigatório que o loteador realize a construção.**

<table>
<tr><th colspan="3">TÓPICO-SÍNTESE: PARCELAMENTO DO SOLO</th></tr>
<tr><td>ÁREAS EM QUE É PROIBIDO O PARCELAMENTO DO SOLO</td><td colspan="2">Terrenos alagadiços e sujeitos a inundações, antes de tomadas as providências para assegurar o escoamento das águas;Terrenos aterrados com material nocivo à saúde pública, sem que sejam previamente saneados;Terrenos com declividade igual ou superior a 30% (trinta por cento), salvo se atendidas exigências específicas das autoridades competentes;Terrenos com condições geológicas que não aconselham a edificação;Áreas de preservação ecológica ou aquelas onde a poluição impeça condições sanitárias suportáveis, até a sua correção;Áreas rurais;Áreas de risco definidas como não edificáveis, no plano diretor ou em legislação dele derivada.</td></tr>
<tr><td rowspan="4">CONCEITOS IMPORTANTES</td><td>ZONA URBANA</td><td>É a área definida na legislação municipal como zona urbana destinada para fins residenciais, comerciais ou industriais, dotada de equipamentos urbanos (rede de água, de esgoto, de iluminação pública, de telefonia, entre outros).</td></tr>
<tr><td>ZONA DE EXPANSÃO URBANA</td><td>É a área prevista na legislação municipal reservada para o crescimento das cidades e vilas, adjacente à zona urbana.</td></tr>
<tr><td>ZONA DE URBANIZAÇÃO ESPECÍFICA</td><td>É a área prevista na legislação municipal que está relacionada com a possibilidade de serem exercidas atividades tipicamente urbanas em determinado terreno isolado da cidade, não contíguo às demais zonas urbanas do Município. Exemplo: distritos industriais.</td></tr>
<tr><td>ZONA RURAL</td><td>É a área do território da cidade que não está enquadrada como zona urbana, de expansão urbana ou de urbanização específica e que se destina à exploração extrativa agrícola, pecuária ou agroindustrial.</td></tr>
<tr><th colspan="3">REQUISITOS URBANÍSTICOS PARA O LOTEAMENTO</th></tr>
<tr><td colspan="3">Os requisitos são as condições necessárias para a aprovação do loteamento. O art. 4º da LPS apresenta os requisitos mínimos que deverão ser atendidos pelo loteador. Cumpre destacar que os Estados e os Municípios poderão criar outros requisitos, de acordo com suas peculiaridades, desde que não contrariem a legislação federal.</td></tr>
<tr><td>REQUISITOS MÍNIMOS PARA APROVAÇÃO DO LOTEAMENTO</td><td colspan="2">1º Destinação de áreas para vias de circulação, equipamentos comunitários, equipamentos urbanos e áreas verdes;
2º As vias de circulação deverão estar integradas com o sistema viário adjacente;
3º Dimensão mínima total dos lotes de 125m² e frente mínima de 5m, salvo loteamento de interesse social;
4º Faixa não edificante de 15m de cada lado das águas correntes e dormentes e das faixas de domínio público das rodovias e ferrovias.</td></tr>
<tr><td colspan="3">A transferência das vias de circulação, equipamentos comunitários, equipamentos urbanos e áreas verdes (denominado pela doutrina como concurso voluntário ou doação legal) para o patrimônio municipal ocorre com o registro no Cartório de Registro de Imóveis, sendo desnecessário qualquer título aquisitivo (art. 22 da LPS). Ocorre que o Superior Tribunal de Justiça, interpretando o art. 22 da LPS, pacificou o entendimento no sentido de que, independentemente do registro em cartório imobiliário, incorporam-se ao domínio do Município as áreas destinadas ao uso comum, sendo suficiente a aprovação do loteamento.</td></tr>
</table>

TÓPICO-SÍNTESE: PARCELAMENTO DO SOLO		
4 APRESENTAÇÃO DO PROJETO, APROVAÇÃO E REGISTRO DO PARCELAMENTO		
APRESENTAÇÃO DO PROJETO	**FASE PRELIMINAR**	O interessado, antes mesmo da elaboração do projeto de loteamento, deverá solicitar que a Prefeitura Municipal defina as diretrizes para o uso do solo, traçado dos lotes, do sistema viário, dos espaços livres e das áreas reservadas para equipamento urbano e comunitário (art. 6º da LPS).**Documentos anexos ao projeto de loteamento: Divisas da gleba**;**Curvas de nível à distância adequada**;**Localização dos cursos d'água, bosques e construções**;Indicação dos **arruamentos contíguos** a todo o perímetro, a **localização das vias de comunicação,** das **áreas livres**,dos **equipamentos urbanos** e**comunitários** existentes no local ou em suas adjacências; **Tipo de uso predominante** a que o loteamento se destina;**Características**, **dimensões** e **localização** das **zonas de uso contíguas.**
	FASE DEFINITIVA	Após as orientações apresentadas pela Prefeitura na fase preliminar, o projeto deverá ser entregue em sua versão definitiva, para análise final e aprovação. **Documentos anexos ao projeto de loteamento: Desenhos**; **Memorial descritivo**; **Cronograma de execução das obras** (duração máxima de **04 anos**);**Certidão atualizada da matrícula da gleba** (Cartório de Registro de Imóveis);**Certidão negativa de tributos municipais**;**Instrumento de garantia.**
APROVAÇÃO DO PROJETO	É de **competência exclusiva do Município**, que analisará o atendimento pelo interessado, no projeto definitivo, das diretrizes apontadas na fase preliminar. Registre-se que, em **3 (três) hipóteses**, **a aprovação do projeto de loteamento ou desmembramento pelos Municípios será disciplinada pelos Estados** (art. 13 da LSP): 1º Quando localizadosem **áreas de interesse especial** (proteção aos mananciais ou ao patrimônio cultural, histórico, paisagístico e arqueológico); 2º quando localizado sem **área limítrofe do Município**, ou que **pertença a mais de um Município**, nas **regiões metropolitanas** ou em **aglomerações urbanas;** 3º Quando abranger área **superior a 1.000.000 m²**; A **legislação municipal poderá** fixar os seguintes **prazos:** a) **aprovação** ou **rejeição dos projetos**; e b) **aceitação** ou **recusa das obras de urbanização.** Porém, na hipótese de omissão da legislação municipal, a LPS estabeleceu o **prazo de 90 (noventa) dias** para aceitação e rejeição do projeto, e o **prazo de 60 (sessenta) dias** para a aceitação ou recusa das obras de urbanização.	

<table>
<tr><th colspan="2">TÓPICO-SÍNTESE: PARCELAMENTO DO SOLO</th></tr>
<tr><td>REGISTRO DO PROJETO</td><td>1º Após a aprovação pela Prefeitura, o loteador deverá registrar o projetode implantação do loteamento ou do desmembramento no Cartório de Registro de Imóveis, no prazo de até de 180 (cento e oitenta) dias, sob pena de caducidade da aprovação;
2º O Oficial de Registro de Imóveis encaminhará comunicação a Prefeitura para iniciar a fiscalização;
3º O registro do projeto de loteamento poderá ser impugnado por terceiros, no prazo de 15 (quinze) dias, contados da data da última publicação do edital do pedido de registro (Ultrapassado o prazo sem impugnação, será realizado o registro);
4º Se houver impugnação de terceiros, o oficial de registros intimará o requerente e a Prefeitura, para se manifestarem no prazo de 05 dias;
5º Havendo manifestações, o processo será enviado ao juiz competente que, após a oitiva do MP (em 05 dias), decidirá de plano ou após instrução sumária. Caso a matéria exija maior indagação, o juiz poderá remeter o processo as vias ordinárias.</td></tr>
<tr><th colspan="2">DOS CONTRATOS</th></tr>
<tr><td colspan="2">Os compromissos de compra e venda, as cessões ou promessas de cessão, celebrados entre o loteador e os adquirentes dos lotes, são irretratáveis e poderão ser formalizados por escritura pública ou por instrumento particular (arts. 25 e 26 da LPS).</td></tr>
<tr><td>QUADRO-RESUMO QUE DEVE INICIAR OS CONTRATOS</td><td>I - o preço total a ser pago pelo imóvel;
II - o valor referente à corretagem, suas condições de pagamento e a identificação precisa de seu beneficiário;
III - a forma de pagamento do preço, com indicação clara dos valores e vencimentos das parcelas;
IV - os índices de correção monetária aplicáveis ao contrato e, quando houver pluralidade de índices, o período de aplicação de cada um;
V - as consequências do desfazimento do contrato, seja mediante distrato, seja por meio de resolução contratual motivada por inadimplemento de obrigação do adquirente ou do loteador, com destaque negritado para as penalidades aplicáveis e para os prazos para devolução de valores ao adquirente;
VI - as taxas de juros eventualmente aplicadas, se mensais ou anuais, se nominais ou efetivas, o seu período de incidência e o sistema de amortização;
VII - as informações acerca da possibilidade do exercício, por parte do adquirente do imóvel, do direito de arrependimento previsto no art. 49 da Lei nº 8.078, de 11 de setembro de 1990 (Código de Defesa do Consumidor), em todos os contratos firmados em estandes de vendas e fora da sede do loteador ou do estabelecimento comercial;
VIII - o prazo para quitação das obrigações pelo adquirente após a obtenção do termo de vistoria de obras;
IX - informações acerca dos ônus que recaiam sobre o imóvel;
X -o número do registro do loteamento ou do desmembramento, a matrícula do imóvel e a identificação do cartório de registro de imóveis competente;
XI - o termo final para a execução do projeto e a data do protocolo do pedido de emissão do termo de vistoria de obras.</td></tr>
<tr><td colspan="2">Aquele que adquirir a propriedade loteada mediante ato inter vivos, ou por sucessão causa mortis, sucederá o transmitenteem todos os seus direitos e obrigações (art. 29 da LPS). Nesse caso, ficará obrigado a respeitar os compromissos de compra e venda ou as promessas de cessão.</td></tr>
</table>

<table>
<tr><th colspan="5">TÓPICO-SÍNTESE: PARCELAMENTO DO SOLO</th></tr>
<tr><td colspan="5">Vencida e não paga a prestação, o contrato será considerado rescindido 30 (trinta) dias depois de constituído em mora o devedor. O devedor-adquirente será intimado, a requerimento do credor, pelo Oficial do Registro de Imóveis, para satisfazer as prestações vencidas e as que se vencerem até a data do pagamento. Não havendo o pagamento em cartório, o vendedor requererá ao Oficial do Registro o cancelamento da averbação (art. 32 da LPS).
Por outro lado, se o credor das prestações se recusar a recebê-las, será notificado pelo Oficial do Registro de Imóveis para receber as importâncias depositadas pelo devedor no próprio Cartório de Registro de Imóveis. Decorridos 15 (quinze) dias do recebimento da intimação, considerar-se-á efetuado o pagamento, a menos que o credor impugne o depósito (art. 33 da LPS).</td></tr>
<tr><td colspan="5">O cancelamento do registro compromisso, cessão ou promessa de cessão poderá ocorrer de 3 (três) formas: a) decisão judicial; b) requerimento conjunto das partes contratantes; c) rescisão do contrato.</td></tr>
<tr><th colspan="5">LOTEAMENTO CLANDESTINO E IRREGULAR</th></tr>
<tr><td>LOTEAMENTOS CLANDESTINOS</td><td colspan="4">Implantados sem receber qualquer aprovação pela Prefeitura.</td></tr>
<tr><td>LOTEAMENTOS IRREGULARES</td><td colspan="4">Aprovados pela Prefeitura, porém não são registrados junto ao Cartório de Registro de Imóveis; ou Aprovados pela Prefeitura e registrados em Cartório, porém implantados de forma diversa.</td></tr>
<tr><td colspan="5">Verificadas irregularidades na implantação do loteamento ou desmembramento, a notificação para que o loteador regularize e, eventualmente, implante os equipamentos urbanos faltantes, poderá ser realizada: a) pelo adquirente do lote; b) pela Prefeitura ou DF; c) pelo Ministério Público (art. 38, caput e §2º, da LPS). Não sendo supridas as irregularidades, mesmo após a notificação, o Município ou o DF, poderá regularizar oloteamento ou desmembramento.
Uma vez constatada a implantação de loteamento irregular, a destinação das áreas públicas não poderá ser alterada, sem prejuízo da aplicação das sanções administrativas, civis e criminais previstas. Ainda, o loteador sofrerá uma das seguintes consequências: a) ressarcir o Município em dinheiro; ou b) destinar ao Município área equivalente ao dobro da diferença entre o exigido pela lei e o efetivamente transferido (art. 43 da LPS).</td></tr>
<tr><th colspan="5">CRIMES NA LEI DO PARCELAMENTO</th></tr>
<tr><td colspan="5">Os arts. 50 a 52, da LPS, tipificam crimes contra Administração Pública, em que obem jurídico tutelado é a correta e ordenada ocupação do solo para fins urbanos, ou seja, é a ordem urbanística.</td></tr>
<tr><td>TIPO PENAL</td><td>- Dar início ou efetuar loteamento sem autorização;
- Dar início a loteamento em desacordo com a legislação.</td><td>- Dar início ou efetuar loteamento sem observância das determinações do ato de licença.</td><td>- Fazer ou veicular em proposta, afirmação falsa sobre a legalidade de loteamento;
- Ocultar, de forma fraudulenta, fato relativo aoloteamento.</td><td>- Registrar loteamento não aprovado;
- Registrar contratode compromisso de compra e venda, cessão, promessa de cessão ou venda, de loteamento não registrado.</td></tr>
<tr><td>PENA APLICÁVEL</td><td colspan="3">Reclusão, de 1 a 4 anos, e multa de 5 a 50 vezes o maior salário mínimo vigente no País.</td><td>Detenção, de 1 a 2 anos, e multa de 5 a 50 vezes o maior salário mínimo vigente no País, sem prejuízo das sanções administrativas.</td></tr>
</table>

Capítulo

4

REGULARIZAÇÃO FUNDIÁRIA (LEI Nº 13.465/17)

Leia a Lei:

- *Arts. 1º a 10 do Decreto-Lei nº 271/67; 1º a 9º da Medida Provisória nº 2.220/01; 1º a 54 da Lei nº 13.465/17; 2º, XIV, da Lei 10.257/01; 1.225, XIII, 1.275, III, 1.276, 1.510-A a 1.510-E, do Código Civil; 6º, caput, 7º, IV, 23, IX, da CF/88.*

1. DIREITO À MORADIA

Com a **Declaração Universal dos Direitos Humanos** de 1948, a **moradia** passou a ser reconhecida como **direito humano fundamental**, sendo imprescindível a atuação Estatal para garantir a sua concretização.

O **Pacto Internacional de Direitos Sociais, Econômicos e Culturais**, de 1966, destacou a necessidade do Estado de assegurar o direito a uma **moradia digna**. Neste aspecto, o próprio Pacto informou que só haverá moradia digna se preenchidos alguns elementos, dentre os quais se destaca a segurança jurídica da posse (proteção legal contra despejos, expropriação, deslocamentos forçados e outras formas de ameaças).

O Brasil, ao ratificar inúmeros tratados internacionais que versam sobre o direito humano à moradia digna, já havia se posicionado sobre a necessidade da sua proteção e promoção. Originalmente, a Carta Magna trouxe a previsão do direito à moradia por meio dos **arts. 7º, IV, e 23, IX.** Entretanto, **com a promulgação da Emenda Constitucional nº 26/00,** o **art. 6º passou a explicitar o direito à moradia como sendo um dos direitos sociais fundamentais.**

DIREITO À MORADIA NA CONSTITUIÇÃO FEDERAL
Art. 6º São direitos sociais a educação, a saúde, a alimentação, o trabalho, a moradia, o transporte, o lazer, a segurança, a previdência social, a proteção à maternidade e à infância, a assistência aos desamparados, na forma desta Constituição. Art. 7º São direitos dos trabalhadores urbanos e rurais, além de outros que visem à melhoria de sua condição social: (...) IV – salário mínimo, fixado em lei, nacionalmente unificado, capaz de atender a suas necessidades vitais básicas e às de sua família com moradia, alimentação, educação, saúde, lazer, vestuário, higiene, transporte e previdência social, com reajustes periódicos que lhe preservem o poder aquisitivo, sendo vedada sua vinculação para qualquer fim. Art. 23. É competência comum da União, dos Estados, do Distrito Federal e dos Municípios: (...) IX - promover programas de construção de moradias e a melhoria das condições habitacionais e de saneamento básico.

O Brasil enfrenta sérias dificuldades na efetivação do direito à moradia. Tal problemática decorre dos processos de exclusão social e segregação espacial, que têm caracterizado o crescimento urbano intensivo nos países em desenvolvimento. Esse fato decorre, sobretudo, do déficit habitacional e irregularidade das construções, tanto no aspecto arquitetônico e urbanístico quanto jurídico, pois a maioria das moradias é irregular perante os órgãos estatais, o que enseja grave insegurança jurídica, dificulta o desenvolvimento socioeconômico e ainda acelera o processo de degradação ambiental.

2. PREVISÃO CONSTITUCIONAL E LEGAL

Como descrito no capítulo I deste livro, a **Constituição Federal de 1988** foi o grande marco do ordenamento urbano. Ao estabelecer as competências administrativas comuns, o **art. 23, IX,** fixou a obrigatoriedade de todos os entes federados realizarem atividades voltadas à promoção de programas de construção e a melhoria das condições de habitação e de saneamento básico.

A partir do texto constitucional, diversos diplomas legais surgiram para auxiliar os operadores do direito e os gestores públicos na implementação das políticas públicas de moradia.

Nesse sentido, destacam-se as seguintes normas: a) Lei Federal nº 10.257/01 (Estatuto da Cidade); b) Decreto-Lei nº 271/67; c) Medida Provisória nº 2.220/01; d) Lei Federal nº 11.977/09; e, por fim, e) Lei Federal nº 13.465/17.

O art. 2º, XIV, do **Estatuto da Cidade** (Lei nº 10.257/01) qualifica a regularização fundiária como uma das diretrizes gerais da política urbana: "A política urbana tem por objetivo ordenar o pleno desenvolvimento das funções sociais da cidade e da propriedade urbana, mediante as seguintes diretrizes gerais: (...) XIV - regularização fundiária e urbanização de áreas ocupadas por população de baixa renda mediante o estabelecimento de normas especiais de urbanização, uso e ocupação do solo e edificação, consideradas a situação socioeconômica da população e as normas ambientais".

O **Decreto-Lei nº 271/67** regulamentou a **concessão de direito real de uso** (**CDRU**). Trata-se de instrumento que autoriza que o proprietário de **área pública ou privada** permita que um **terceiro exerça os direitos de uso e gozo do imóvel** (domínio útil), **gratuita** ou **onerosamente**, por **tempo determinado** ou **indeterminado**, através de um **contrato de concessão de uso.**

PREVISÃO LEGAL DA CONCESSÃO DE DIREITO REAL DE USO (CDRU) (Decreto-Lei nº 271/67)
Art. 7º É instituída a concessão de uso de terrenos públicos ou particulares remunerada ou gratuita, por tempo certo ou indeterminado, como direito real resolúvel, para fins específicos de regularização fundiária de interesse social, urbanização, industrialização, edificação, cultivo da terra, aproveitamento sustentável das várzeas, preservação das comunidades tradicionais e seus meios de subsistência ou outras modalidades de interesse social em áreas urbanas.

A CDRU é um importante instituto adotado pelo Poder Público, com a finalidade de promover a regularização fundiária de interesse social em áreas públicas ocupadas irregularmente. Com a formalização do contrato de concessão de direito real de uso, o particular passa a ter a **posse legítima da área**. Registre-se que, nesse caso, será **dispensada a licitação**, com fulcro no art. 17, I, "f", da Lei Federal nº 8.666/93: "A alienação de bens da Administração Pública, subordinada à existência de interesse público devidamente justificado, será precedida de avaliação e obedecerá às seguintes normas: I - quando imóveis, dependerá de autorização legislativa para órgãos da administração direta e entidades autárquicas e fundacionais, e, para todos, inclusive as entidades paraestatais, dependerá de avaliação prévia e de licitação na modalidade de concorrência, dispensada esta nos seguintes casos: (...) f) alienação gratuita ou onerosa, aforamento, concessão de direito real de uso, locação ou permissão de uso de bens imóveis residenciais construídos, destinados ou efetivamente utilizados no âmbito de programas habitacionais ou de regularização fundiária de interesse social desenvolvidos por órgãos ou entidades da administração pública".

Já a **Medida Provisória nº 2.220/01** disciplinou, nos arts. 1º e 2º, a **concessão de uso especial para fins de moradia (CUEM),** individual e coletiva. Tal instrumento é **gratuito**, poderá ser **concedido ao homem e/ou mulher**, independentemente do estado civil, e objetiva a regularização fundiária de ocupações irregulares em áreas públicas urbanas. Para sua concessão é necessário o preenchimento dos seguintes requisitos:

<table>
<tr><th colspan="2">QUADRO COMPARATIVO - REQUISITOS PARA A CONCESSÃO DE USO ESPECIAL PARA FINS DE MORADIA (CUEM)</th></tr>
<tr><th>CUEM INDIVIDUAL</th><th>CUEM COLETIVA</th></tr>
<tr><td colspan="2">- Imóvel público situado em área com características e finalidade urbanas;
- Posse pelo prazo de 05 (cinco) anos, ininterruptamente e sem oposição;
- Utilizado para fins de sua moradia ou de sua família;
- Não ser proprietário ou concessionário de outro imóvel urbano ou rural.</td></tr>
<tr><td>- Área pública de até $250m^2$.</td><td>- Área pública com mais de $250m^2$, cuja área total dividida pelo número de possuidores seja inferior a $250m^2$ por possuidor.</td></tr>
</table>

A CUEM será obtida perante o órgão competente da Administração Pública, pela via **administrativa**. Somente no caso de recusa ou omissão poderá ser requerido na via judicial (art. 6º, da MP nº 2.220/01). Ressalte-se ainda, que a CUEM poderá ser **transferida por ato *inter vivos*** ou ***causa mortis*** (art. 7º, da MP nº 2.220/01).

A concessão de uso especial será **extinta em duas situações**: a) se o concessionário der ao imóvel destinação diversa da moradia para si ou para sua família; b) se o concessionário adquirir a propriedade ou a concessão de uso de outro imóvel urbano ou rural (art. 8º, da MP nº 2.220/01).

O Poder Público **deverá** garantir o **exercício do direito de CUEM** (individual ou coletiva) **em local diverso da ocupação,** na hipótese em que esta acarretar **risco à vida ou à saúde dos ocupantes** (art. 4º, da MP nº 2.220/01). Por outro lado, essa obrigação será **facultativa** ao Poder Público na hipótese de ocupação de imóvel: a) de uso comum do povo; b) destinado à proteção de urbanização; c) de interesse da defesa nacional, da preservação ambiental e da proteção dos ecossistemas naturais; d) reservada à construção de represas ou obras congêneres; e) situado em via de comunicação (art. 5º, da MP nº 2.220/01).

ATENÇÃO

*O texto original da MP2.220/01 previa como **limitação temporal** para concessão da CUEM o dia 30 de junho de 2001. **Com a entrada em vigor da Lei nº 13.465/17,** que alterou redação dos arts. 1º e 2º da referida MP, **esse prazo foi ampliado para até o dia 22 de dezembro de 2016.** Portanto, para a concessão da CUEM é necessário que o preenchimento dos requisitos legais tenha ocorrido em momento anterior ao dia 22 de dezembro de 2016.*

Por fim, cabe destacar a promulgação da **Lei nº 13.465/17**, intitulada como o **novo marco legal da regularização fundiária urbana (REUBR),** que revogou o Capítulo III da **Lei Federal nº 11.977/09**, que disciplinava os institutos referentes a regularização fundiária de assentamentos urbanos. Esta recente norma merece um estudo detalhado em razão sua importância e inovações trazidas no seu texto.

3. REGULARIZAÇÃO FUNDIÁRIA URBANA (REURB)

3.1. Disposições gerais, princípios e objetivos

A Lei nº 13.465/17 estabelece **normas gerais** e **procedimentos** aplicáveis à **regularização fundiária urbana** em todo o **território nacional**, abrangendo **medidas jurídicas, urbanísticas, ambientais** e **sociais** destinadas à incorporação dos **núcleos urbanos informais** ao ordenamento territorial urbano e à titulação de seus ocupantes (art. 9º, Lei da REURB).

A nova legislação apresentou importantes conceitos sobre núcleos urbanos, resumidos no quadro abaixo:

QUADRO COMPARATIVO		
NÚCLEO URBANO (art. 11, I, Lei da REURB)	**NÚCLEO URBANO INFORMAL (art. 11, II, Lei da REURB)**	**NÚCLEO URBANO INFORMAL CONSOLIDADO (art. 11, III, Lei da REURB)**
- Assentamento **humano**; - Com **uso** e **características urbanas**; - Independe da localização (**área urbana** ou **rural**); - Constituído por **unidades imobiliárias de área inferior à fração mínima** legalmente prevista para os **parcelamentos rurais** (Lei nº 5.868/72); - **Independentemente da propriedade do solo.**	É o assentamento humano **clandestino**, **irregular** ou no qual **não foi possível realizar**, por qualquer modo, **a titulação de seus ocupantes**, ainda que atendida a legislação vigente à época de sua implantação ou regularização.	É o assentamento humano **informal de difícil reversão**, considerados o **tempo da ocupação**, a **natureza das edificações**, a localização das **vias de circulação** e a presença de **equipamentos públicos, entre outras circunstâncias a serem avaliadas pelo Município**

Para fins de regularização fundiária de núcleos urbanos informais, o art. 11, §1º, da Lei da REURB, possibilita aos **Municípios** que **flexibilizem as normas urbanísticas** relativas ao percentual e às dimensões de áreas destinadas ao uso público ou ao tamanho dos lotes regularizados, assim como a outros parâmetros urbanísticos e edilícios.

Na formulação e desenvolvimento das políticas urbanas de regularização pelo Poder Público é necessária a observância dos seguintes **princípios** (art. 9º, §1º, Lei da REURB):

PRINCÍPIOS DA REURB

- Sustentabilidade econômica, social, ambiental.
- Uso funcional do solo.
- Ordenação territorial do solo eficiente.

Na implementação da REURB, os entes federados deverão perquirir a efetivação dos **objetivos** a seguir descritos (art. 10, Lei da REURB):

OBJETIVOS DA REURB
- **Identificar os núcleos urbanos informais** que devam ser regularizados, organizá-los e assegurar a prestação de serviços públicos aos seus ocupantes, de modo a melhorar as condições urbanísticas e ambientais em relação à situação de ocupação informal anterior;
- **Criar unidades imobiliárias compatíveis com o ordenamento territorial urbano** e constituir sobre elas **direitos reais em favor dos seus ocupantes**;
- **Ampliar o acesso à terra urbanizada** pela **população de baixa renda**, de modo a **priorizar a permanência dos ocupantes** nos próprios núcleos urbanos informais regularizados;
- **Promover a integração social** e a **geração de emprego e renda**;
- **Estimular a resolução extrajudicial de conflitos**, em reforço à consensualidade e à cooperação entre Estado e sociedade;
- **Garantir o direito social à moradia digna** e às condições de vida adequadas;
- Garantir a efetivação da **função social da propriedade**;
- Ordenar o pleno desenvolvimento das **funções sociais da cidade** e garantir o **bem-estar de seus habitantes**;
- Concretizar o princípio constitucional da **eficiência na ocupação e no uso do solo**;
- **Prevenir e desestimular** a formação de novos **núcleos urbanos informais**;
- **Conceder direitos reais, preferencialmente em nome da mulher**;
- Franquear **participação dos interessados** nas etapas do processo de regularização fundiária.

ATENÇÃO

Na REURB, os Municípios e o Distrito Federal poderão admitir o ***uso misto de atividades*** *(habitação e comércio) como forma de promover a integração social e a geração de emprego e renda no núcleo urbano informal regularizado (art. 13, §4º, Lei da REURB).*

3.2. Modalidades

A Lei da REURB, em seu art. 13, levando em consideração o **interesse social** e a **renda da população** envolvida no núcleo urbano informal, apresentou duas modalidades de regularização fundiária urbana: a) **REURB de Interesse Social (REURB-S)** e b) **REURB de Interesse Específico (REURB-E)**.

REURB-S	REURB-E
É a modalidade aplicável aos núcleos urbanos informais **ocupados predominantemente por população de baixa renda**, assim declarados em **ato do Poder Executivo municipal**.	É a modalidade aplicável aos núcleos urbanos informais ocupados por população **não qualificada como de "baixa renda"**.

A REURB poderá ser realizada em **áreas particulares** e **públicas**. Quando ocorrer sobre **áreas públicas** a regularização de interesse específico (**REURB-E**) ficará **condicionada ao pagamento do justo valor da unidade imobiliária regularizada**, não havendo essa mesma exigência quando se tratar de regularização de interesse social (**REURB-S**).

DISPOSITIVOS RELEVANTES DA LEI DA REURB
Art. 16. Na Reurb-E, promovida sobre bem público, havendo solução consensual, a aquisição de direitos reais pelo particular ficará condicionada ao pagamento do justo valor da unidade imobiliária regularizada, a ser apurado na forma estabelecida em ato do Poder Executivo titular do domínio, sem considerar o valor das acessões e benfeitorias do ocupante e a valorização decorrente da implantação dessas acessões e benfeitorias. Parágrafo único. As áreas de propriedade do poder público registradas no Registro de Imóveis, que sejam objeto de ação judicial versando sobre a sua titularidade, poderão ser objeto da Reurb, desde que celebrado acordo judicial ou extrajudicial, na forma desta Lei, homologado pelo juiz.
Art. 17. Na Reurb-S promovida sobre bem público, o registro do projeto de regularização fundiária e a constituição de direito real em nome dos beneficiários poderão ser feitos em ato único, a critério do ente público promovente.

O art. 13, §1º, da Lei da REURB, fixa rol **exemplificativo** de **atos registrais** relacionados à **REURB-S**, que serão de **isentos de custas e**

emolumentos perante o Cartório de Registro de Imóveis (como, por exemplo, o primeiro registro da REURB-S).

3.3. Legitimado

São legitimados para requerer a regularização fundiária (art. 14 da Lei da REURB):

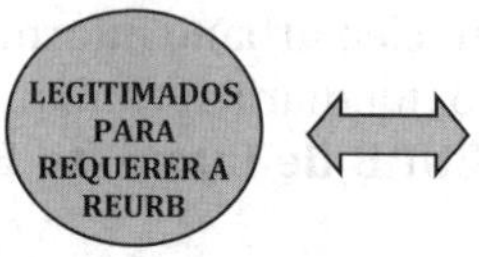

- **União, Estados, DF** e **Municípios** (administração direta ou indireta);
- **Beneficiários, individual** ou **coletivamente, diretamente** ou **por meio de cooperativas habitacionais, associações de moradores, fundações, organizações sociais, organizações da sociedade civil de interesse público** ou outras associações civis que tenham por finalidade atividades nas áreas de desenvolvimento urbano ou regularização fundiária urbana;
- **Proprietários de imóveis** ou de **terrenos, loteadores** ou **incorporadores;**
- **Defensoria Pública**, em nome dos beneficiários hipossuficientes; e
- **Ministério Público**.

Os **legitimados poderão promover todos os atos** necessários à regularização fundiária, inclusive requerer os atos de registro (art. 14, § 1º, Lei da REURB).

O requerimento de instauração da REURB pelos **proprietários de terreno, loteadores** e **incorporadores que tenham dado causa à formação de núcleos urbanos informais**, ou os seus sucessores, **não os eximirá das eventuais responsabilidades administrativa, civil ou criminal** (art. 14, § 3º, Lei da REURB).

Aqueles que suportarem os custos e obrigações decorrentes da regularização terão **direito de regresso** contra os responsáveis pela implantação dos núcleos urbanos informais (art. 14, § 2º, Lei da REURB).

3.4 Instrumentos

O art. 15, da Lei da REURB, estabelece rol **exemplificativo** dos **instrumentos** que poderão ser utilizados no âmbito dos procedimentos de regularização. Segue listagem completa desses institutos jurídicos e, em seguida, serão detalhados aqueles ainda não estudados nesta obra e considerados mais relevantes:

INSTRUMENTOS DA REURB	- **Legitimação fundiária** e a **legitimação de posse**; - **Usucapião**; - **Desapropriação** em favor dos possuidores; - **Arrecadação de bem vago**; - **Consórcio imobiliário**; - **Desapropriação por interesse social**; - **Direito de preempção**; - **Transferência do direito de construir**; - **Requisição**, em caso de perigo público iminente; - **Intervenção do poder público em parcelamento clandestino ou irregular**; - **Alienação de imóvel** pela administração pública diretamente para seu detentor; - **Concessão de uso especial para fins de moradia (CUEM)**; - **Concessão de direito real de uso (CDRU)**; - **Doação**; - **Compra e venda.**

ATENÇÃO

A Lei da REURB ainda possibilitou aos Municípios e ao Distrito Federal a instituição de ***Zonas Especiais de Interesse Social (ZEIS)****, como* ***instrumento de planejamento urbano****, no âmbito da política municipal de ordenamento de seu território. Considera-se ZEIS a parcela de área urbana instituída pelo plano diretor ou definida por outra lei municipal, destinada, preponderantemente, à população de baixa renda e sujeita a regras específicas de parcelamento, uso e ocupação do solo (art. 18, §1º, Lei da REURB). Frise-se, contudo, que a* ***regularização fundiária não está mais condicionada à prévia instituição de ZEIS*** *(art. 18, §2º, Lei da REURB).*

3.4.1. Legitimação fundiária e legitimação de posse

A **legitimação fundiária** é **forma originária de aquisição do direito real de propriedade**, por meio do qual, por meio de ato do Poder Público, o **ocupante informal adquire a unidade imobiliária**, localizada em área **pública** ou **privada, desembaraçada de quaisquer ônus** (art. 23, caput e §2º, da Lei da REURB). São características desse instituto:

LEGITIMAÇÃO FUNDIÁRIA ⟷

- Instituto jurídico utilizado **exclusivamente no âmbito da REURB**;
- Concretizado por **ato do Poder Público**;
- Confere título de **direito real de propriedade**;
- Àquele que detiver em **área pública** ou possuir em **área privada, como sua, unidade imobiliária com destinação urbana;**
- Unidade imobiliária integrante de **núcleo urbano informal consolidado** existente em **22 de dezembro de 2016 (limitação temporal).**

ATENÇÃO

A legitimação fundiária é forma de aquisição originária da propriedade limitada no tempo. Somente pode ser reconhecida para proprietário de unidade imobiliária localizada em núcleo urbano informal consolidado, existente até 22.12.2016.

A **legitimação de posse** é um **título** conferido por **ato do Poder Público**, por meio do qual fica reconhecida a **posse de imóvel** localizado em **área privada**, que poderá ser **posteriormente convertido** em **direito real de propriedade**, mediante o preenchimento de requisitos legais (art. 25, Lei da REURB). São características desse instituto:

LEGITIMAÇÃO DE POSSE ⟷

- Instituto jurídico utilizado **exclusivamente no âmbito da REURB**;
- Concretizado por **ato do Poder Público**;
- Confere **título de posse**;
- Àquele que ocupar **unidade imobiliária** em **área privada**;
- Integrante de **núcleo urbano informal;**
- Poderá ser **posteriormente convertido** em **direito real de propriedade;**
- **Não há limitação temporal** para sua **utilização.**

ATENÇÃO

Para a conversão da legitimação de posse em título de propriedade será necessário o transcurso do prazo de 05 (cinco) anos, contados do registro do título de posse, e o preenchimento dos requisitos da usucapião especial urbana, previstos no art. 183, caput, da CF, independentemente de prévia provocação ou prática de ato registral (art. 26, caput, da Lei da REURB).

Caso a posse não se enquadre nos requisitos previstos no art. 183, caput, da CF, ainda assim será possível a referida conversão, desde que, a partir de requerimento do interessado perante o registro de imóveis competente, seja comprovado o preenchimento dos requisitos de uma das demais formas de usucapião previsto na legislação em vigor, como, por exemplo, nos arts. 1.238 e 1.239, ambos do Código Civil (art. 26, §1º, da Lei da REURB).

Segue quadro esquemático com as diferenças existente entre a **legitimação fundiária** e a **legitimação de posse:**

QUADRO COMPARATIVO		
	LEGITIMAÇÃO FUNDIÁRIA	**LEGITIMAÇÃO DE POSSE**
PREVISÃO LEGAL	A legitimação fundiária constitui **forma originária de aquisição do direito real de propriedade,** conferido por **ato do poder público, exclusivamente no âmbito da REURB,** àquele que detiver em **área pública** ou possuir em **área privada,** como sua, unidade imobiliária com **destinação urbana,** integrante de **núcleo urbano informal consolidado** existente em **22 de dezembro de 2016** (art. 23, Lei da REURB).	A legitimação de posse, instrumento de **uso exclusivo para fins de regularização fundiária,** constitui **ato do poder público** destinado a conferir **título,** por meio do qual fica **reconhecida a posse** de imóvel objeto da REURB, com a identificação de seus ocupantes, do tempo da ocupação e da natureza da posse, o qual é **conversível em direito real de propriedade,** na forma desta Lei (art. 25, Lei da REURB).
ÁREA	**Pública** ou **privada**	**Privada**
LIMITAÇÃO TEMPORAL	Até 22 de dezembro de 2016	Não há limitação temporal
TRANSFERÊNCIA	*Inter vivos* e *causa mortis*	*Inter vivos* e *causa mortis*
ESPÉCIE DE TÍTULO	Título de **propriedade**	Título de **posse**, que poderá ser posteriormente convertido em título de propriedade, desde que preenchidos os requisitos da usucapião.
LOCALIZAÇÃO DA UNIDADE	Núcleo urbano informal **consolidado**	Núcleo urbano informal.

3.4.2. Arrecadação de bem vago

Também denominado de **arrecadação de imóveis abandonados**, trata-se de um **instituto jurídico** que possibilita ao **Município** e ao **DF** a **arrecadação,** sem qualquer pagamento, na **condição de bem vago**, de **imóveis privados abandonados** cujos **proprietários não possuam a intenção de conservá-los em seu patrimônio** (art. 64 da Lei da REURB).

Antes mesmo da vigência da Lei da REURB, em 11 de julho de 2017, esse instituto já tinha previsão nos **arts. 1.275, III, e 1.276, ambos do Código Civil**: "Art. 1.275. Além das causas consideradas neste Código, perde-se a propriedade: (...) III - por abandono; Art. 1.276. O imóvel urbano que o proprietário abandonar, com a intenção de não mais o conservar em seu patrimônio, e que se não encontrar na posse de outrem, poderá ser arrecadado, como bem vago, e passar, três anos depois, à propriedade do município ou à do distrito federal, se se achar nas respectivas circunscrições. (...) § 2º Presumir-se-á de modo absoluto a intenção a que se refere este artigo, quando, cessados os atos de posse, deixar o proprietário de satisfazer os ônus fiscais".

Os dispositivos do Código Civil não foram revogados pela Lei da RURB, que apenas ampliou a regulamentação da arrecadação de imóveis abandonados, prevendo, inclusive, a possibilidade de **ato do Poder Executivo Municipal e Distrital disciplinar o seu procedimento administrativo** (art. 64, §2º, Lei da REURB).

Presumir-se-á a intenção de o proprietário abandonar o imóvel quando: a) **cessarem os atos de posse**; e b) **não forem adimplidos os ônus fiscais instituídos sobre a propriedade predial e territorial urbana, pelo prazo de 05 (cinco) anos** (art. 1.276, §2º, do CC c/c art. 64, §1º, Lei da REURB).

Após a comprovação do **tempo de abandono** e **de inadimplência fiscal** (por 05 anos), em sede de **processo administrativo,** o titular do domínio será **notificado** para, querendo, apresentar **impugnação** no prazo de **30 (trinta) dias.** Transcorrido o lapso temporal sem manifestação do proprietário, o imóvel será arrecadado, como bem vago. Passados **03 (três) anos da arrecadação, sem reivindicação**, o imóvel passará para a **propriedade do Município ou DF** (art. 1.276, caput, do CC c/c art. 64, §§ 2º, 3º e 5º, da Lei da REURB).

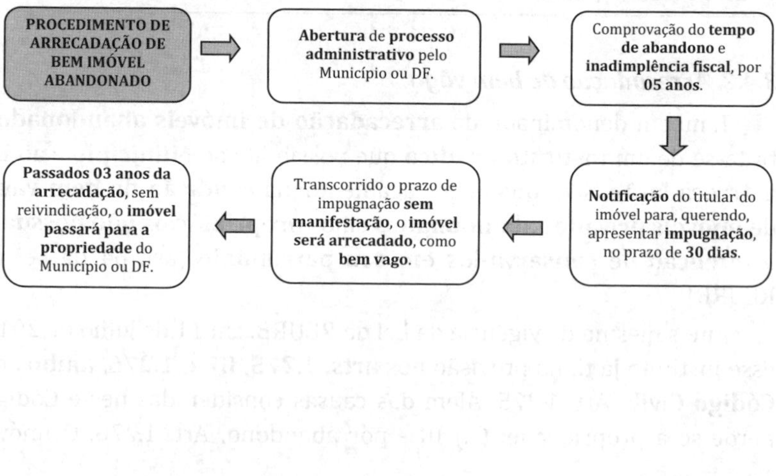

ATENÇÃO

*Caso o proprietário reivindique a posse do imóvel arrecadado, durante o transcurso do prazo de 03 (três) anos, fica assegurado ao Município e ao DF o **direito ao ressarcimento de todas as despesas** em que eventualmente houver incorrido, inclusive tributárias, em razão do exercício da posse provisória (art. 64, §5º, Lei da REURB).*

*Os imóveis que forem arrecadados **poderão ser destinados**: a) a programas habitacionais; b) à prestação de serviços públicos; c) ao fomento da Reurb-S; ou d) à concessão de direito real de uso a entidades civis que comprovadamente tenham fins filantrópicos, assistenciais, educativos, esportivos ou outros (art. 65, Lei da REURB).*

3.5. Procedimento Administrativo

O art. 28, da Lei da REURB, estabelece **07 (sete) fases** que deverão ser seguidas no procedimento administrativo de regularização fundiária:

FASES DO PROCEDIMENTO ADMINISTRATIVO DA REURB
- **Requerimento** dos legitimados; - **Processamento administrativo do requerimento**, no qual será conferido **prazo para manifestação dos titulares** de direitos reais sobre o **imóvel** e dos **confrontantes**; - Elaboração do **projeto de regularização fundiária**; - **Saneamento** do processo administrativo; - **Decisão** da autoridade competente, mediante ato formal, ao qual se dará publicidade; - **Expedição da CRF (Certidão de Regularização Fundiária)** pelo **Município**; - **Registro da CRF e do projeto de regularização fundiária** aprovado perante o oficial do **cartório de registro de imóveis** em que se situe a unidade imobiliária.

ATENÇÃO

*Para a realização de REURB em **área de preservação permanente, unidade de conservação de uso sustentável** ou de **proteção de mananciais**, além da observância dos art. 64 e 65 da Lei nº 12.651/12 (Código Florestal), será **obrigatória** a elaboração de **estudos técnicos** que justifiquem as melhorias ambientais em relação à situação de ocupação informal existente, inclusive por meio de compensações ambientais, quando for o caso (art. 11, §2º, Lei da REURB). Quando se tratar de **área de unidade de conservação de uso sustentável** será exigida também a **anuência do órgão gestor da unidade** (art. 11, §3º, Lei da REURB).*

Ao final do procedimento da REURB, o Município expedirá a **Certidão de Regularização Fundiária (CRF)**, que deverá conter: a) **projeto de regularização fundiária aprovado**; e b) **termo de compromisso relativo à sua execução.** Nos casos da legitimação fundiária e da legitimação de posse, a CRF também conterá a listagem dos ocupantes do núcleo urbano informal regularizado com a devida qualificação e os direitos reais que lhes foram conferidos (art. 11, V, Lei da REURB).

No procedimento administrativo da REURB **compete ao Município**: a) **classificar caso a caso as modalidades** de regularização fundiária (REURB-S ou REURB-E); b) **processar, analisar e aprovar projetos de regularização fundiária**; e c) **emitir a Certidão de Regularização Fundiária - CRF** (art. 30, Lei da REURB).

O Município deverá classificar e fixar, no prazo de até **180 (cento e oitenta) dias**, uma das modalidades da REURB ou indeferir, fundamentadamente, o requerimento. A inércia do Município implica na automática fixação da modalidade de classificação da REURB indicada pelo legitimado em seu requerimento, bem como o prosseguimento do procedimento administrativo da REURB, sem prejuízo de futura revisão dessa classificação pelo Município, mediante estudo técnico que a justifique (art. 30, §§ 2º e 3º, da Lei da REURB).

Frise-se que não competirá ao Município a classificação da modalidade da REURB quando esta for requerida pela União ou pelos Estados. Neste caso, a responsabilidade pela fixação da modalidade será do próprio ente federativo instaurador do procedimento (art. 30, §1º, Lei da REURB).

Instaurado o procedimento de regularização fundiária, o Município deverá **proceder às buscas necessárias** para determinar a propriedade dos imóveis situados no núcleo urbano informal a ser regularizado. Ato contínuo, **notificará** os titulares de domínio, os responsáveis pela implantação do núcleo urbano informal, os confinantes e os terceiros interessados para, querendo, apresentarem **impugnação no prazo de 30 (trinta) dias** (art. 31, caput, §§1º e 2º, da Lei da REURB).

A ausência de manifestação será interpretada como concordância com a REURB. Por outro lado, apresentada a **impugnação**, será iniciado o **procedimento extrajudicial de composição de conflitos** (art. 31, §§ 3º e 6º, Lei da REURB).

ATENÇÃO

A Lei da REURB ***estimula a composição extrajudicial dos conflitos*** *relacionados à regularização fundiária, com a possibilidade de* ***criação de câmaras de prevenção e resolução administrativa****, no âmbito do Município, ou ainda mediante celebração de: a) ajustes com os Tribunais de Justiça estaduais; b) convênios com Centros Judiciários de Solução de Conflitos e Cidadania; c) convênios com as câmaras de mediação credenciadas nos Tribunais de Justiça (art. 34, da Lei da REURB).*

No projeto de regularização fundiária, cuja aprovação compete ao Município, deverão constar as **responsabilidades das partes envolvidas** no tocante à **elaboração e o custeio do projeto** de regularização fundiária e a **implantação da infraestrutura essencial** (art. 33, caput e parágrafo único, da Lei da REURB).

	QUADRO COMPARATIVO - RESPONSÁVEIS PELA ELABORAÇÃO E CUSTEIO DO PROJETO DE REGULARIZAÇÃO E PELA IMPLANTAÇÃO DA INFRAESTRUTURA ESSENCIAL	
	ÁREA PÚBLICA	**ÁREA PRIVADA**
REURB-S	Caberá ao referido **ente público** ou ao **Município** promotor ou ao **Distrito Federal** a **responsabilidade** de elaborar o **projeto de regularização fundiária** nos termos do ajuste que venha a ser celebrado e a **implantação da infraestrutura essencial**, quando necessária.	Caberá ao **Município** ou ao **Distrito Federal** a **responsabilidade** de elaborar e custear o **projeto de regularização fundiária** e a **implantação da infraestrutura essencial**, quando necessária.
REURB-E	Se houver **interesse público**, o **Município poderá** proceder à elaboração e ao custeio do projeto de regularização fundiária e da implantação da infraestrutura essencial, **com posterior cobrança aos seus beneficiários.**	A regularização fundiária será **contratada e custeada por seus potenciais beneficiários ou requerentes privados.**

ATENÇÃO

Não impede a efetivação da REURB a ausência de lei municipal específica *que trate de medidas ou posturas de interesse local aplicáveis a projetos de regularização fundiária urbana (art. 28, parágrafo único, da Lei da REURB).*

A **Certidão de Regularização Fundiária (CRF),** com o projeto de regularização fundiária aprovado pelo Município, será apresentada para registro diretamente ao **oficial do cartório de registro** competente, **independentemente de determinação judicial ou manifestação do Ministério Público**. Registrada a CRF, será aberta matrícula para cada uma das unidades imobiliárias regularizadas (arts. 42 e 52da Lei da REURB).

Os compromissos de compra e venda, as cessões e as promessas de cessão dos atuais ocupantes das unidades imobiliárias objeto da REURB **valerão como título hábil** para a **aquisição da propriedade**, quando acompanhados da prova de quitação das obrigações do adquirente (art. 52, parágrafo único, da Lei da REURB).

Com o registro da CRF, **serão automaticamente incorporados** ao **patrimônio público,** na forma indicada no projeto de regularização fundiária aprovado e com abertura de matricula própria: a) **vias públicas;** b) **áreas destinadas** ao **uso comum do povo**; c) **prédios públicos**; e d) **equipamentos urbanos** (art. 53 da Lei da REURB).

ATENÇÃO

*A **demarcação urbanística** é o **procedimento** destinado a **identificar os imóveis públicos e privados** abrangidos pelo **núcleo urbano informal** e a **obter a anuência dos respectivos titulares** de direitos inscritos na matrícula dos imóveis ocupados, **culminando com averbação na matrícula destes imóveis da viabilidade da regularização fundiária**, a ser promovida a critério do Município (art. 11, IV, da Lei da REURB).*

3.6. Direito de laje

A Lei da REURB incluiu no **art. 1.225, XIII, do Código Civil**, um novo direito real denominado de **direito de laje**. Consiste na possibilidade de coexistência de **unidades imobiliárias autônomas** situadas em uma mesma área, decorrentes de cessão da **superfície superior** ou **inferior** de uma **construção-base**, por seu proprietário, a fim de que terceiro edifique unidade distinta daquela originalmente construída.

A Lei da REURB incluiu ainda os **arts. 1.510-A a 1.510-E,** ao **Código Civil**, disciplinando o direito de laje.

DISPOSITIVOS RELEVANTES DO DIREITO DE LAJE NO CÓDIGO CIVIL
Art. 1.225. São direitos reais: (...) XIII - a laje.
Art. 1.510-A. O proprietário de uma construção-base poderá ceder a superfície superior ou inferior de sua construção a fim de que o titular da laje mantenha unidade distinta daquela originalmente construída sobre o solo. §1º O direito real de laje contempla o espaço aéreo ou o subsolo de terrenos públicos ou privados, tomados em projeção vertical, como unidade imobiliária autônoma, não contemplando as demais áreas edificadas ou não pertencentes ao proprietário da construção-base. §2º O titular do direito real de laje responderá pelos encargos e tributos que incidirem sobre a sua unidade. §3º Os titulares da laje, unidade imobiliária autônoma constituída em matrícula própria, poderão dela usar, gozar e dispor. § 4º A instituição do direito real de laje não implica a atribuição de fração ideal de terreno ao titular da laje ou a participação proporcional em áreas já edificadas. §5º Os Municípios e o Distrito Federal poderão dispor sobre posturas edilícias e urbanísticas associadas ao direito real de laje. §6º O titular da laje poderá ceder a superfície de sua construção para a instituição de um sucessivo direito real de laje, desde que haja autorização expressa dos titulares da construção-base e das demais lajes, respeitadas as posturas edilícias e urbanísticas vigentes.
Art. 1.510-B. É expressamente vedado ao titular da laje prejudicar com obras novas ou com falta de reparação a segurança, a linha arquitetônica ou o arranjo estético do edifício, observadas as posturas previstas em legislação local. (...)
Art. 1.510-E. A ruína da construção-base implica extinção do direito real de laje, salvo: I - se este tiver sido instituído sobre o subsolo; II - se a construção-base não for reconstruída no prazo de cinco anos. Parágrafo único. O disposto neste artigo não afasta o direito a eventual reparação civil contra o culpado pela ruína.

A laje abrange tanto o espaço aéreo acima da construção-base ("andares ascendentes") quanto o espaço abaixo ("andares subterrâneos"). Esse instituto é uma clara demonstração de mutabilidade do Direito Urbanístico, que tem cada vez mais se adaptado à realidade social dinâmica.

4. TÓPICO-SÍNTESE

<table>
<tr><th colspan="2">TÓPICO-SÍNTESE: REGULARIZAÇÃO FUNDIÁRIA</th></tr>
<tr><td colspan="2">DIREITO À MORADIA: Com a Declaração Universal dos Direitos Humanos, de 1948, a moradia passou a ser reconhecida como direito humano fundamental, sendo imprescindível a atuação Estatal para garantir a sua concretização.
O Brasil, ao ratificar inúmeros tratados internacionais que versam sobre o direito humano à moradia digna, já havia se posicionado sobre a necessidade da sua proteção e promoção. Originalmente, a Carta Magna trouxe a previsão do direito à moradia por meio dos arts. 7º, IV, e 23, IX. Entretanto, com a promulgação da Emenda Constitucional nº 26/00, o art. 6º passou a explicitar o direito à moradia como sendo um dos direitos sociais fundamentais.</td></tr>
<tr><th colspan="2">PREVISÃO CONSTITUCIONAL E LEGAL</th></tr>
<tr><td colspan="2">A partir do texto constitucional diversos diplomas legais surgiram para auxiliar os operadores do direito e os gestores públicos na implementação das políticas públicas de moradia. Nesse sentido, destacam-se as seguintes normas: a) Lei Federal nº 10.520/01 (Estatuto da Cidade); b) Decreto-Lei nº 267/79; c) Medida Provisória nº 2.220/01; d) Lei Federal nº 11.977/09; e, por fim, e) Lei Federal nº 13.465/17.</td></tr>
<tr><td>CONCESSÃO DE DIREITO REAL DE USO - CDRU</td><td>Trata-se de instrumento, regulamentado pelo Decreto nº 271/67, que autoriza que o proprietário de área pública ou privada permita que um terceiro exerça os direitos de uso e gozo do imóvel (domínio útil), gratuita ou onerosamente, por tempo determinado ou indeterminado, por meio de um contrato de concessão de uso.
A CDRU é um importante instituto adotado pelo Poder Público, com a finalidade de promover a regularização fundiária de interesse social em áreas públicas ocupadas irregularmente. Com a formalização do contrato de concessão de direito real de uso, o particular passa a ter a posse legitima da área. Registre-se que, nesse caso, será dispensada a licitação, com fulcro no art. 17, I, "f", da Lei Federal nº 8.666/93.</td></tr>
</table>

TÓPICO-SÍNTESE: REGULARIZAÇÃO FUNDIÁRIA	
CONCESSÃO DE USO ESPECIAL PARA FINS DE MORADIA - CUEM	A **Medida Provisória nº 2.220/01** disciplinou, nos arts. 1º e 2º, a **concessão de uso especial para fins de moradia (CUEM)**, individual e coletiva. Tal instrumento é **gratuito**, poderá ser **concedido ao homem e/ou mulher**, independentemente do estado civil, e objetiva a regularização fundiária de ocupações irregulares em áreas públicas urbanas; - **REQUISITOS:** Imóvel público situado em área com características e finalidade urbanas; Posse pelo prazo de **05 (cinco) anos, ininterruptamente e sem oposição**; Utilizado para fins de **sua moradia** ou **de sua família**; Não ser proprietário ou concessionário de outro imóvel urbano ou rural; Área pública de **até 250m²** (**CUEM INDIVIDUAL**) ou Área pública com **mais de 250m²,** cuja área total dividida pelo número de possuidores seja **inferior a 250m² por possuidor** (**CUEM COLETIVA**); A CUEM será obtida perante o órgão competente da Administração Pública, pela via **administrativa**. Somente no caso de recusa ou omissão poderá ser requerido na via judicial (art. 6º, da MP nº 2.220/01). Ressalte-se ainda, que a CUEM poderá ser **transferida por ato *inter vivos*** ou ***causa mortis*** (art. 7º, da MP nº 2.220/01); A concessão de uso especial será **extinta em duas situações**: a) se o concessionário der ao imóvel destinação diversa da moradia para si ou para sua família; b) se o concessionário adquirir a propriedade ou a concessão de uso de outro imóvel urbano ou rural (art. 8º, da MP nº 2.220/01).
REGULARIZAÇÃO FUNDIÁRIA URBANA (REURB)	
A Lei nº 13.465/17 estabelece **normas gerais** e **procedimentos** aplicáveis à **regularização fundiária urbana** em todo o **território nacional**, abrangendo **medidas jurídicas, urbanísticas, ambientais** e **sociais** destinadas à incorporação dos **núcleos urbanos informais** ao ordenamento territorial urbano e à titulação de seus ocupantes (art. 9º, Lei da REURB).	
Disposições Gerais, Princípio e Objetivos	
NÚCLEO URBANO	Assentamento **humano**; Com **uso** e **características urbanas**; Independe da localização (**área urbana** ou **rural**); Constituído por **unidades imobiliárias de área inferior à fração mínima** legalmente prevista para os **parcelamentos rurais** (Lei nº 5.868/72); e **Independentemente da propriedade do solo**.
NÚCLEO URBANO INFORMAL	É o assentamento humano **clandestino**, **irregular** ou no qual **não foi possível realizar**, por qualquer modo, **a titulação de seus ocupantes**, ainda que atendida a legislação vigente à época de sua implantação ou regularização.

<table>
<tr><th colspan="2">TÓPICO-SÍNTESE: REGULARIZAÇÃO FUNDIÁRIA</th></tr>
<tr><td>NÚCLEO URBANO INFORMAL CONSOLIDADO</td><td>É o assentamento humano informal de difícil reversão, considerados o tempo da ocupação, a natureza das edificações, a localização das vias de circulação e a presença de equipamentos públicos, entre outras circunstâncias a serem avaliadas pelo Município.</td></tr>
<tr><td colspan="2">Para fins de regularização fundiária de núcleos urbanos informais, o art. 11, §1º, da Lei da REURB, possibilita aos Municípios que flexibilizem as normas urbanísticas relativas ao percentual e às dimensões de áreas destinadas ao uso público ou ao tamanho dos lotes regularizados, assim como a outros parâmetros urbanísticos e edilícios.</td></tr>
<tr><td>PRINCÍPIOS DA REURB</td><td>- Sustentabilidade econômica, social, ambiental;
- Uso funcional do solo;
- Ordenação territorial do solo eficiente.</td></tr>
<tr><td>OBJETIVOS DA REURB</td><td>- Identificar os núcleos urbanos informais que devam ser regularizados, organizá-los e assegurar a prestação de serviços públicos aos seus ocupantes, de modo a melhorar as condições urbanísticas e ambientais em relação à situação de ocupação informal anterior;
- Criar unidades imobiliárias compatíveis com o ordenamento territorial urbano e constituir sobre elas direitos reais em favor dos seus ocupantes;
- Ampliar o acesso à terra urbanizada pela população de baixa renda, de modo a priorizar a permanência dos ocupantes nos próprios núcleos urbanos informais regularizados;
- Promover a integração social e a geração de emprego e renda;
- Estimular a resolução extrajudicial de conflitos, em reforço à consensualidade e à cooperação entre Estado e sociedade;
- Garantir o direito social à moradia digna e às condições de vida adequadas;
- Garantir a efetivação da função social da propriedade;
- Ordenar o pleno desenvolvimento das funções sociais da cidade e garantir o bem-estar de seus habitantes;
- Concretizar o princípio constitucional da eficiência na ocupação e no uso do solo;
- Prevenir e desestimular a formação de novos núcleos urbanos informais;
- Conceder direitos reais, preferencialmente em nome da mulher;
- Franquear participação dos interessados nas etapas do processo de regularização fundiária.</td></tr>
</table>

<table>
<tr><th colspan="2">TÓPICO-SÍNTESE: REGULARIZAÇÃO FUNDIÁRIA</th></tr>
<tr><th colspan="2">Modalidades</th></tr>
<tr><td colspan="2">A Lei da REURB, em seu art. 13, levando em consideração o interesse social e a renda da população envolvida no núcleo urbano informal, apresentou duas modalidades de regularização fundiária urbana:a) REURB de Interesse Social (REURB-S) e b) REURB de Interesse Específico (REURB-E).</td></tr>
<tr><td>REURB DE INTERESSE SOCIAL (REURB-S)</td><td>É a modalidade aplicável aos núcleos urbanos informais ocupados predominantemente por população de baixa renda, assim declarados em ato do Poder Executivo municipal.</td></tr>
<tr><td>REURB DE INTERESSE ESPECÍFICO (REURB-E)</td><td>É a modalidade aplicável aos núcleos urbanos informais ocupados por população não qualificada como de "baixa renda".</td></tr>
<tr><td colspan="2">A REURB poderá ser realizada em áreas particulares e públicas. Quando ocorrer sobre áreas públicas a regularização de interesse específico (REURB-E) ficará condicionada ao pagamento do justo valor da unidade imobiliária regularizada, não havendo essa mesma exigência quando se tratar de regularização de interesse social (REURB-S).</td></tr>
<tr><th colspan="2">Legitimados</th></tr>
<tr><td colspan="2">São legitimados para requerer a regularização fundiária (art. 14 da Lei da REURB): União, Estados, DF e Municípios (administração direta ou indireta); Beneficiários, individual ou coletivamente, diretamente ou por meio de cooperativas habitacionais, associações de moradores, fundações, organizações sociais, organizações da sociedade civil de interesse público ou outras associações civis que tenham por finalidade atividades nas áreas de desenvolvimento urbano ou regularização fundiária urbana; Proprietários de imóveis ou de terrenos, loteadores ou incorporadores; Defensoria Pública, em nome dos beneficiários hipossuficientes; e Ministério Público.
Os legitimados poderão promover todos os atos necessários à regularização fundiária, inclusive requerer os atos de registro (art. 14, § 1º, Lei da REURB).</td></tr>
<tr><th colspan="2">Instrumentos</th></tr>
<tr><td colspan="2">O art. 15, da Lei da REURB, estabelece rol exemplificativo dos instrumentos que poderão ser utilizados no âmbito dos procedimentos de regularização. Serão detalhados aqueles ainda não estudados nesta obra e considerados mais relevantes:</td></tr>
</table>

TÓPICO-SÍNTESE: REGULARIZAÇÃO FUNDIÁRIA	
LEGITIMAÇÃO FUNDIÁRIA	É **forma originária de aquisição do direito real de propriedade**, por meio do qual, por meio de ato do Poder Público, o **ocupante informal adquire a unidade imobiliária**, localizada em área **pública** ou **privada**, **desembaraçada de quaisquer ônus** (art. 23, caput e §2º, da Lei da REURB). São características desse instituto: Instituto jurídico utilizado **exclusivamente no âmbito da REURB**; Concretizado por **ato do Poder Público**; Confere título de **direito real de propriedade**; Àquele que detiver em **área pública** ou possuir em **área privada, como sua, unidade imobiliária com destinação urbana;** Unidade imobiliária integrante de **núcleo urbano informal consolidado** existente em **22 de dezembro de 2016 (limitação temporal).**
LEGITIMAÇÃO DE POSSE	É um **título** conferido por **ato do Poder Público**, por meio do qual fica reconhecida a **posse de imóvel** localizado em **área privada**, que poderá ser **posteriormente convertido** em **direito real de propriedade**, mediante o preenchimento de requisitos legais (art. 25, Lei da REURB). São características desse instituto: Instituto jurídico utilizado **exclusivamente no âmbito da REURB**; Concretizado por **ato do Poder Público**; Confere **título de posse**; Àquele que ocupar **unidade imobiliária** em **área privada**; Integrante de **núcleo urbano informal;** Poderá ser **posteriormente convertido** em **direito real de propriedade; Não** há **limitação temporal** para sua **utilização.**
ARRECADAÇÃO DE BEM VAGO	Trata-se de um **instituto jurídico** que possibilita ao **Município** e ao **DF** a **arrecadação,** sem qualquer pagamento, na **condição de bem vago**, de **imóveis privados abandonados,** cujos **proprietários não possuam a intenção de conservá-los em seu patrimônio** (art. 64, da Lei da REURB). Presumir-se-á a intenção de o proprietário abandonar o imóvel quando: a) **cessarem os atos de posse**; e b) **não forem adimplidos os ônus fiscais instituídos sobre a propriedade predial e territorial urbana, pelo prazo de 05 (cinco) anos** (art. 1.276, §2º, do CC c/c art. 64, §1º, Lei da REURB). **Procedimento de Arrecadação de Bem Imóvel Abandonado:** 1º **Abertura** de **processo administrativo** pelo Município ou DF; 2º Comprovação do **tempo de abandono** e **inadimplência fiscal**, por **05 anos**; 3º **Notificação** do titular do imóvel para, querendo, apresentar **impugnação**, no prazo de **30 dias**; 4º Transcorrido o prazo de impugnação **sem manifestação**, o **imóvel será arrecadado**, como **bem vago**; 5º **Passados 03 anos da arrecadação**, sem reivindicação, o **imóvel passará para a propriedade** do Município ou DF.

TÓPICO-SÍNTESE: REGULARIZAÇÃO FUNDIÁRIA

Procedimento Administrativo

O art. 28, da Lei da REURB, estabelece **07 (sete) fases** que deverão ser seguidas no procedimento administrativo de regularização fundiária: **Requerimento** dos legitimados; **Processamento administrativo do requerimento**, no qual será conferido **prazo para manifestação dos titulares** de direitos reais sobre o **imóvel** e dos **confrontantes**; Elaboração do **projeto de regularização fundiária**; **Saneamento** do processo administrativo; **Decisão** da autoridade competente, mediante ato formal, ao qual se dará publicidade; **Expedição da CRF (Certidão de Regularização Fundiária)** pelo **Município**; **Registro da CRF e do projeto de regularização fundiária** aprovado perante o oficial do **cartório de registro de imóveis** em que se situe a unidade imobiliária.

No procedimento administrativo da REURB **compete ao Município**: a) **classificar caso a caso as modalidades** de regularização fundiária (REURB-S ou REURB-E); b) **processar, analisar e aprovar projetos de regularização fundiária**; e c) **emitir a Certidão de Regularização Fundiária - CRF** (art. 30, Lei da REURB).

Com o registro da CRF, **serão automaticamente incorporados** ao **patrimônio público,** na forma indicada no projeto de regularização fundiária aprovado e com abertura de matricula própria:a) **vias públicas;** b) **áreas destinadas** ao **uso comum do povo**; c) **prédios públicos**; e d) **equipamentos urbanos** (art. 53 da Lei da REURB).

Direito de laje

A Lei da REURB incluiu no **art. 1.225, XIII, do Código Civil**, um novo direito real denominado de **direito de laje**. Consiste na possibilidade de coexistência de **unidades imobiliárias autônomas** situadas em uma mesma área, decorrentes de cessão da **superfície superior** ou **inferior** de uma **construção-base**, por seu proprietário, a fim de que terceiro edifique unidade distinta daquela originalmente construída. A Lei da REURB incluiu ainda os **arts. 1.510-A a 1.510-E,** ao **Código Civil**, disciplinando o direito de laje.

A laje abrange tanto o espaço aéreo acima da construção-base ("andares ascendentes") quanto o espaço abaixo ("andares subterrâneos"). Esse instituto é uma clara demonstração de mutabilidade do Direito Urbanístico, que tem cada vez mais se adaptado à realidade social dinâmica.

Capítulo 5

ESTATUTO DA METRÓPOLE (LEI Nº 13.089/2015)

Leia a Lei:

- *Arts. 1º a 25 da Lei 13.089/15; 2º, 4º e 34-A da Lei 10.257/01; 21, XX, 24, § 3º, 25, §3º e 182 da CF/88.*

1. DISPOSIÇÕES PREMILINARES. DIRETRIZES. CONCEITOS RELEVANTES

Conforme analisado nos capítulos anteriores, a política de desenvolvimento urbano brasileira tem assento nos arts. 182 e 183, da Constituição Federal, e deve ser desenvolvida pelo **Poder Público municipal** mediante diretrizes gerais estabelecidas em lei **federal**. O principal objetivo dessa política é a **ordenação e pleno desenvolvimento das funções da cidade, de modo a garantir o bem-estar de seus habitantes.** O Governo Federal regulamentou os artigos constitucionais referidos, com o estabelecimento de normas gerais acerca da matéria, por meio da Lei nº 10.257, de 10 de julho de 2001, denominada de Estatuto da Cidade.

Ocorre que o Estatuto da Cidade careceu de uma regulamentação sobre as **unidades regionais com características essencialmente urbanas** (aglomerações urbanas e regiões metropolitanas), de modo a uniformizar a organização dos entes federativos em um ambiente de interesses comuns compartilhados.

Nesse contexto, após 15 anos da publicação do Estatuto da Cidade, foi sancionada Lei Federal nº 13.089/2015, **o Estatuto da Metrópole**. O referido diploma normativo passou a regulamentar as **unidades territoriais urbanas** caracterizadas como **aglomerações urbanas de**

natureza metropolitana ou não metropolitana, a serem instituídas **pelos Estados,** a fim de possibilitar o desenvolvimento das **funções públicas de interesse comum** dos Municípios envolvidos, mediante uma **governança interfederativa, com apoio da União.**

Essa inédita lei federal, que disciplina a institucionalização e a governança de unidades regionais com características urbanas, está alicerçada em **3 (três) pilares**, nos termos do seu art. 1º, caput. São eles:

PILARES DO ESTATUTO DA METRÓPOLE	
1º PILAR	Institui diretrizes gerais para o planejamento, a gestão e a execução das **funções públicas de interesse comum** em **regiões metropolitanas** e em **aglomerações urbanas,** criadas pelos Estados.
2º PILAR	Cria normas gerais sobre o **Plano de Desenvolvimento Urbano Integrado (PDUI)** e outros instrumentos de **governança interfederativa.**
3º PILAR	Fixa critérios para o **apoio da União a ações que envolvam governança interfederativa** no campo do desenvolvimento urbano.

DISPOSITIVOS CONSTITUCIONAIS QUE FUNDAMENTAM A ELABORAÇÃO DO ESTATUTO DA METRÓPOLE
Art. 21. Compete à União: (...) XX - instituir diretrizes para o desenvolvimento urbano, inclusive habitação, saneamento básico e transportes urbanos. **Art. 24.** Compete à União, aos Estados e ao Distrito Federal legislar concorrentemente sobre: I - direito tributário, financeiro, penitenciário, econômico e urbanístico. **Art. 25.** Os Estados organizam-se e regem-se pelas Constituições e leis que adotarem, observados os princípios desta Constituição. (...) § 3º Os Estados poderão, mediante lei complementar, instituir regiões metropolitanas, aglomerações urbanas e microrregiões, constituídas por agrupamentos de municípios limítrofes, para integrar a organização, o planejamento e a execução de funções públicas de interesse comum. **Art. 182.** A política de desenvolvimento urbano, executada pelo Poder Público municipal, conforme diretrizes gerais fixadas em lei, tem por objetivo ordenar o pleno desenvolvimento das funções sociais da cidade e garantir o bem-estar de seus habitantes.

De acordo com a **nova redação do art. 1º, §2º, do Estatuto da Metrópole, conferida pela Lei nº 13.683, 19 de junho de 2018**, a observância das suas disposições **não afasta as normas gerais de direito urbanístico estabelecidas no Estatuto da Cidade** (Lei nº 10.257/2001), que regulamenta os arts. 182 e 183 da Constituição Federal e estabelece as diretrizes gerais da política urbana.

Nesse ponto, é relevante atentar às semelhanças e diferenças entre os Estatutos da Metrópole e da Cidade:

QUADRO COMPARATIVO	
ESTATUTO DA METRÓPOLE X	**ESTATUTO DA CIDADE**
Lei Federal	Lei Federal
Estabelece diretrizes para o Desenvolvimento Urbano	Estabelece diretrizes para o Desenvolvimento Urbano
Âmbito de incidência INTERMUNICIPAL (Regiões metropolitanas e Aglomerações urbanas)	**Âmbito de incidência MUNICIPAL**

O art. 2º da Lei nº 13.089/2015 (Estatuto da Metrópole) descortina um relevante arcabouço conceitual, a seguir esquematizado:

AGLOMERAÇÃO URBANA ⇒	Unidade territorial urbana **constituída pelo agrupamento de 2 (dois) ou mais municípios limítrofes**, caracterizada por complementaridade funcional e integração das dinâmicas geográficas, ambientais, políticas e socioeconômicas.
METRÓPOLE ⇒	Espaço urbano com continuidade territorial que, **em razão de sua população e relevância política e socioeconômica, tem influência nacional ou sobre uma região que configure, no mínimo, a área de influência de uma capital regional**, conforme os critérios adotados pelo IBGE.
REGIÃO METROPOLITANA ⇒	Unidade regional **instituída pelos Estados**, mediante **lei complementar**, constituída por **agrupamento de Municípios limítrofes** para integrar a **organização**, o **planejamento** e a **execução de funções públicas de interesse comum.**
ÁREA METROPOLITANA ⇒	**Representação da expansão contínua da malha urbana da metrópole**, conurbada pela **integração dos sistemas viários**, abrangendo, especialmente, **áreas habitacionais**, de **serviços** e **industriais** com a presença de deslocamentos pendulares no território.

É imperioso ressaltar que a **Lei nº 13.683/2018**, que promoveu modificações no Estatuto da Metrópole, **alterou o conceito de região metropolitana** (a redação original do art. 2º, VII, do EM, conceituava a região metropolitana como sendo uma "aglomeração urbana que configura uma metrópole") e **acrescentou o de área metropolitana** (art. 2º, VIII, do EM).

ATENÇÃO

O Estatuto da Metrópole reconhece as unidades territoriais urbanas criadas, mediante lei complementar estadual, em momento anterior a sua vigência. *Porém, após a sua entrada em vigor, a instituição das regiões metropolitanas impõe a necessária observância do conceito estabelecido no art. 2º, VII do Estatuto. Cabe esclarecer que* ***a região metropolitana que não atender ao conceito estabelecido no art. 2º, VII, será enquadrada como aglomeração urbana*** *para efeito das políticas públicas a cargo do Governo Federal, independentemente se as ações nesse sentido envolverem ou não recursos financeiros (arts. 5º, §2º, e 15, do Estatuto da Metrópole).*

Seguem outros conceitos legais, igualmente relevantes, voltados à gestão das regiões metropolitanas e aglomerações urbanas:

FUNÇÃO PÚBLICA DE INTERESSE COMUM (FPIC)	Política pública ou ação nela inserida cuja **realização** por parte de um Município, **isoladamente, seja inviável ou cause impacto em Municípios limítrofes.**
GOVERNANÇA INTERFEDERATIVA	Compartilhamento de responsabilidades e ações entre entes da Federação em termos de **organização, planejamento e execução de funções públicas de interesse comum.**
PLANO DE DESENVOLVIMENTO URBANO INTEGRADO (PDUI)	Instrumento que estabelece, com base em processo permanente de planejamento, **viabilização econômico-financeira e gestão**, as **diretrizes para o desenvolvimento territorial estratégico** e os **projetos estruturantes** da região metropolitana e aglomeração urbana.
GESTÃO PLENA	Condição de região metropolitana ou de aglomeração urbana que possui: a) **formalização e delimitação mediante lei complementar estadual**; b) **estrutura de governança interfederativa própria**; c) **plano de desenvolvimento urbano integrado.**
GOVERNANÇA INTERFEDERATIVA DAS FUNÇÕES DE INTERESSE COMUM	**Compartilhamento de responsabilidades e ações** entre entes da Federação em termos de **organização, planejamento** e **execução de funções públicas** de interesse comum, mediante a execução de um **sistema integrado e articulado de planejamento**, de **projetos**, de **estruturação financeira**, de **implantação**, de **operação** e de **gestão.**

Entre as recentes alterações do texto do Estatuto da Metrópole, promovidas pela **Lei nº 13.683/2018**, estão a **ampliação do conceito do Plano de Desenvolvimento Urbano Integrado (PDUI)** (passou a abranger a “viabilização econômico-financeira e gestão” e as diretrizes para “o desenvolvimento territorial estratégico e os projetos estruturantes” das regiões metropolitanas e aglomerações urbanas) e a inédita conceituação da **governança interfederativa das funções de interesse comum** (art. 2º, IX, do EM).

ATENÇÃO

Principais funções públicas de interesse comum presentes nesses espaços urbanos integrados*: uso do solo, saneamento básico, transporte público/mobilidade urbana, destinação de resíduos sólidos, política habitacional, saúde e educação.*

2. INSTITUIÇÃO DE REGIÕES METROPOLITANAS E AGLOMERAÇÕES URBANAS

Uma vez delimitadas, no tópico anterior, as diferenças conceituais entre **regiões metropolitanas e aglomerações urbanas**, passaremos à análise dos **requisitos constitucionais e legais para instituição das mesmas.** Segue quadro comparativo entre as redações do art. 25, §3º, da CF, e o art. 3º do Estatuto da Metrópole:

QUADRO COMPARATIVO	
CONSTITUIÇÃO FEDERAL	**ESTATUTO DA METRÓPOLE**
Art. 25. § 3º. Os Estados poderão, mediante lei complementar, instituir regiões metropolitanas, aglomerações urbanas **e microrregiões**, constituídas por agrupamentos de municípios limítrofes, para integrar a organização, o planejamento e a execução de funções públicas de interesse comum.	Art. 3º. Os Estados, mediante lei complementar, poderão instituir regiões metropolitanas e aglomerações urbanas, constituídas por agrupamento de Municípios limítrofes, para integrar a organização, o planejamento e a execução de funções públicas de interesse comum.

Nota-se que Estatuto da Metrópole reproduziu quase que integralmente o dispositivo de conteúdo correlato da Constituição Federal, **apenas excluindo a expressão microrregiões.** Porém, por força do **art. 1º, §1º, I, do Estatuto da Metrópole**, além das regiões metropolitanas e das aglomerações urbanas, **as normas gerais previstas nessa lei aplicam-se às microrregiões** instituídas pelos Estados com fundamento em funções públicas de interesse comum e características predominantemente urbanas.

Os **requisitos e características da criação das regiões metropolitanas, aglomerações urbanas e microrregiões,** podem ser destrinchados da seguinte maneira:

REQUISITOS - REGIÕES METROPOLITANAS, ALGOMERAÇÕES URBANAS E MICORREGIÕES			
COMPETÊNCIA LEGAL	**INSTRUMENTO LEGAL**	**COMPOSIÇÃO**	**FINALIDADE**
Estados-Membros.	**Lei Complementar** (precedida de **estudos técnicos** e **audiências públicas**).	Agrupamento de **Municípios limítrofes.**	Integrar a organização, o planejamento e a execução de **funções públicas de interesse comum.**

A **Lei nº 13.683/2018 acrescentou o §2º ao art. 3º, do EM**, para estabelecer a necessidade da realização de **estudos técnicos** e **audiências públicas,** que envolvam todos os Municípios pertencentes à unidade territorial, **em momento pretérito à criação** da região metropolitana, aglomeração urbana ou microrregião. Trata-se de um avanço da participação popular no processo de formalização desses aglomerados urbanos.

ATENÇÃO

E quando essa instituição de espaços urbanos integrados envolver Municípios pertencentes a mais de um Estado?

É necessária a aprovação de Lei Complementar pela ASSEMBLEIA LEGISLATIVA de cada Estado envolvido.

E enquanto não forem aprovadas as Lei Complementares por TODOS os Estado envolvidos? O agrupamento funcionará plenamente?

NÃO. O agrupamento dos municípios limítrofes somente terá validade para aqueles em que os Estados já houverem aprovado a respectiva lei (art. 4º do EM).

Como norma geral que é, o Estatuto da Metrópole estabelece o **conteúdo mínimo** que deve constar nas **leis complementares estaduais instituidoras das regiões metropolitanas, aglomerações urbanas e microrregiões** (art. 5º do EM):

CONTEÚDO MÍNIMO DAS LEIS COMPLEMENTARES INSTITUIDORAS DAS REGIÕES METROPOLITANAS, ALGOMERAÇÕES URBANAS E MICRORREGIÕES
- Os **Municípios que integram** a unidade territorial urbana; - Os **campos funcionais ou funções públicas de interesse comum** que justificam a instituição da unidade territorial urbana; - A conformação da estrutura de governança interfederativa, incluindo a **organização administrativa** e o **sistema integrado de alocação de recursos e de prestação de contas**; e - Os **meios de controle social da organização**, do **planejamento** e da **execução de funções públicas** de interesse comum.

O legislador federal exigiu também que, ao longo do processo de elaboração da lei complementar estadual, necessariamente deverão ser explicitados os **critérios técnicos** adotados para a definição dos seguintes pontos: a) **Municípios que integrarão a unidade territorial urbana;** e b) **campos funcionais ou funções públicas de interesse comum que justificam a instituição dessa unidade territorial urbana.**

3. GOVERNANÇA INTERFEDERATIVA EM REGIÕES METROPOLITANAS E AGLOMERAÇÕES URBANAS

Já foram previamente analisados os conceitos legais da **governança interfederativa** e da **governança interfederativa das funções de interesse comum**, este último acrescentado ao Estatuto da Metrópole, pela Lei nº 13.683/2018 (art. 2º, IX, do EM). Tais institutos são idênticos no que concerne à materialização da **sistemática de administração a ser adotada** nas regiões metropolitanas, aglomerações urbanas ou microrregiões.

Segue tabela comparativa dos conceitos mantidos pelo legislador no Estatuto da Metrópole (art. 2º, IV e IX, do EM):

QUADRO COMPARATIVO	
GOVERNANÇA INTERFEDERATIVA	**GOVERNANÇA INTERFEDERATIVA DAS FUNÇÕES DE INTERESSE COMUM**
Compartilhamento de responsabilidades e ações entre entes da Federação em termos de organização, planejamento e execução de funções públicas de interesse comum.	Compartilhamento de responsabilidades e ações entre entes da Federação em termos de organização, planejamento e execução de funções públicas de interesse comum, **mediante a execução de um sistema integrado e articulado de planejamento, de projetos, de estruturação financeira, de implantação, de operação e de gestão.**

Em síntese, é possível dizer que os Estados e os Municípios incluídos em regiões metropolitanas, aglomerações urbanas ou microrregiões, deverão **organizar, planejar e executar as funções públicas de interesse comum por meio de uma forma de administração chamada de "governança interfederativa"**. Trata-se de um **sistema integrado e articulado que engloba**: a) **planejamento**; b) **projetos**; c) **estruturação financeira**; d) **implantação**; e) **operação**; e f) **gestão**.

Segundo o Estatuto da Metrópole, a governança interfederativa deve respeitar os seguintes **princípios** (art. 6º do EM):

PRINCÍPIOS DA GOVERNANÇA INTERFEDERATIVA
- **Prevalência do interesse comum sobre o local**; - **Compartilhamento de responsabilidades e de gestão** para a promoção do desenvolvimento urbano integrado; - **Autonomia** dos entes da Federação; - **Observância das peculiaridades** regionais e locais; - **Gestão democrática da cidade**, nos termos dos arts. 43 a 45 do Estatuto da Cidade (Lei nº 10.257/2001); - Efetividade no uso dos recursos públicos; - Busca do **desenvolvimento sustentável**.

ATENÇÃO

A Lei nº 13.683, de 19 de junho de 2018, alterou o segundo princípio da governança interfederativa listado acima (art. 6º, II, do EM), para acrescentar a expressão "e de gestão" relativa ao compartilhamento da promoção do desenvolvimento urbano integrado pelos entes integrantes do aglomerado.

A governança interfederativa é uma política de planejamento e desenvolvimento regional que os entes da federação envolvidos deverão adotar na execução dos serviços públicos de interesse comum. As **políticas públicas mais compartilhadas na prática** são as que envolvem uso do solo, saneamento básico, transporte público/mobilidade urbana, destinação de resíduos sólidos, política habitacional, saúde e educação.

O Estatuto da Metrópole prevê, no seu art. 7º, em complemento às diretrizes gerais constantes no art. 2º do Estatuto da Cidade (Lei nº 10.257/2001), **diretrizes específicas**. Trata-se de orientações e instruções a serem observadas pelos entes públicos envolvidos na execução da governança interfederativa dessas unidades territoriais urbanas. São elas:

DIRETRIZES ESPECÍFICAS DA GOVERNANÇA INTERFEDERATIVA
- Implantação de **processo permanente e compartilhado de planejamento e de tomada de decisão** quanto ao desenvolvimento urbano e às políticas setoriais afetas às funções públicas de interesse comum;
- Estabelecimento de **meios compartilhados de organização administrativa** das funções públicas de interesse comum;
- Estabelecimento de **sistema integrado de alocação de recursos e de prestação de contas**;
- Execução **compartilhada** das funções públicas de interesse comum, mediante **rateio de custos previamente pactuados** no âmbito da estrutura de governança interfederativa;
- **Participação de representantes da sociedade civil** nos processos de planejamento e de tomada de decisão;
- **Compatibilização dos planos plurianuais, das leis de diretrizes orçamentárias e dos orçamentos anuais** dos entes envolvidos na governança interfederativa;
- **Compensação por serviços ambientais ou outros serviços prestados** pelo Município à unidade territorial urbana, na forma da lei e dos acordos firmados no âmbito da estrutura de governança interfederativa.

A **Lei nº 13.683/2018 promoveu** uma sutil, porém relevante, **alteração nas diretrizes específicas da governança interfederativa**, referentes à **participação de representantes da sociedade civil** (art. 7º, V, do EM).

O texto original do Estatuto da Metrópole previa essa participação nos seguintes momentos: a) processo de planejamento; b) processo de tomada de decisão; c) acompanhamento da prestação de serviços de interesse comum; e) acompanhamento da realização de obras afetas às funções públicas de interesse comum.

Com o **advento da recente alteração legislativa**, essa **participação foi reduzida apenas para os dois primeiros momentos citados**, não havendo mais previsão do acompanhamento de representantes da sociedade civil na prestação de serviços e realização de obras de interesse comum.

ATENÇÃO

Expressões exaustivamente reproduzidas nas diretrizes da governança interfederativa, relacionadas à ideia de execução de interesse comum: ***COMPARTILHADA + INTEGRADO + PARTICIPAÇÃO + COMPATIBILIZAÇÃO.***

Ainda, **a Lei nº 13.683/2018 acrescentou o art. 7º-A ao Estatuto da Metrópole** para prever as **diretrizes gerais do exercício da governança das funções públicas de interesse comum** a serem observadas pelos Estados e Municípios participantes da unidade territorial. São elas:

DIRETRIZES GERAIS NO EXERCÍCIO DAS FUNÇÕES PÚBLICAS DE INTERESSE COMUM
- **Compartilhamento da tomada de decisões** com vistas à implantação de processo relativo ao planejamento, à elaboração de projetos, à sua estruturação econômico-financeira, à operação e à gestão do serviço ou da atividade; - **Compartilhamento de responsabilidades na gestão de ações e projetos** relacionados às funções públicas de interesse comum, os quais deverão ser executados mediante a articulação de órgãos e entidades dos entes federados.

Importa destacar que, ao se criar uma região metropolitana ou aglomeração urbana, **não haverá a transferência de competências relativas aos interesses comuns para o(s) Estado(s) instituidor(es). De igual forma, o poder decisório não poderá ficar concentrado em um único ente.** Deverá ocorrer uma divisão de responsabilidades entre o(s) Estado(s) e os Municípios participantes.

Conforme previsão legal das diretrizes gerais a serem observadas no exercício governança interfederativa (art. 7º-A do EM), **as tomadas de decisões e as responsabilidades na gestão de ações e projetos**, relacionadas às funções públicas de interesse comum, **devem ser compartilhadas entre os Estados e Município da unidade territorial.**

Ressalte-se, contudo, que a participação dos entes na instância executiva não precisa ser paritária, desde que seja **apta a prevenir a concentração do poder decisório no âmbito de um único ente.**

POSIÇÃO DO STF

"A participação dos entes nesse colegiado não necessita de ser paritária, desde que apta a prevenir a concentração do poder decisório no âmbito de um único ente. A participação de cada Município e do Estado deve ser estipulada em cada região metropolitana de acordo com suas particularidades, sem que se permita que um ente tenha predomínio absoluto" (ADI 1.842, Relator(a): Min. LUIZ FUX, Relator(a) p/ Acórdão: Min. GILMAR MENDES, j. 6-3-2013, P, DJE de 16-9-2013.).

Ainda, no seu art. 8º, o Estatuto da Metrópole indica a **estrutura básica** da governança interfederativa das regiões metropolitanas e das aglomerações urbanas:

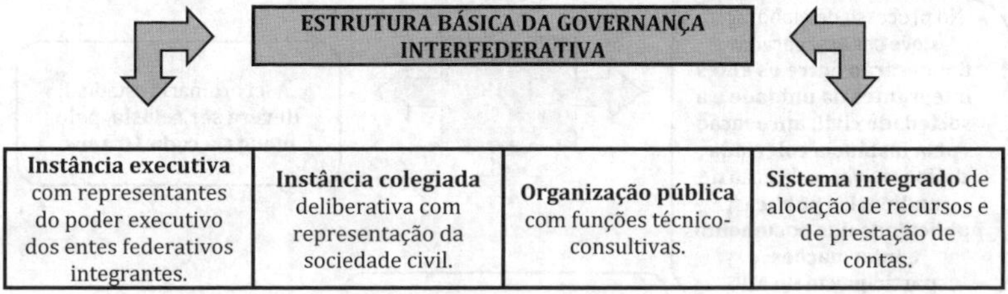

4. INSTRUMENTOS DE DESENVOLVIMENTO URBANO INTEGRADO

O Estatuto da Metrópole elenca, no seu art. 9º, os **instrumentos específicos** para o desenvolvimento urbano integrado de regiões metropolitanas e de aglomerações urbanas, não excluindo a observâncias dos instrumentos gerais previstos no art. 4º do Estatuto da Cidade (Lei nº 10.257/2001). Esses instrumentos podem ser considerados como **meios à efetivação da governança interfederativa.**

- **Plano de Desenvolvimento Urbano Integrado (PDUI);**
- Planos setoriais interfederativos;
- Fundos públicos;
- Operações urbanas consorciadas interfederativas;
- Zonas para aplicação compartilhada dos instrumentos urbanísticos previstos no Estatuto da Cidade;
- Consórcios públicos, observada a Lei nº 11.107/2005;
- Convênios de cooperação;
- Contratos de gestão;
- Compensação por serviços ambientais ou outros serviços;
- Parcerias público-privadas interfederativas.

O legislador federal dispensou tratamento específico para o **Plano de Desenvolvimento Urbano Integrado (PDUI)**, nos arts. 10 a 12, do Estatuto da Metrópole. Por consequência, o PDUI é considerado o principal instrumento de desenvolvimento urbano integrado, merecendo especial atenção. Segue resumo esquemático das suas características:

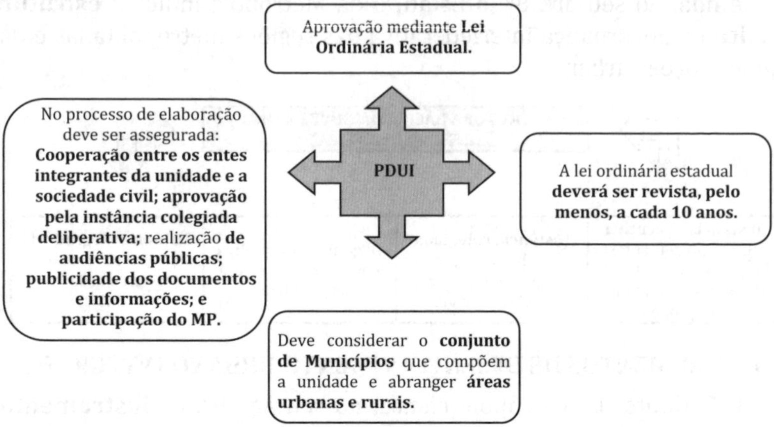

A **Lei nº 13.683/2018 alterou a redação do §4º do art. 10, do EM**, para especificar as **etapas de elaboração do PDUI** que devem preceder o seu encaminhamento para apreciação pela(s) Assembleia(s) Legislativa(s). São elas: a) **participação conjunta e cooperada de representantes do Estado, dos Municípios integrantes da unidade regional e da sociedade civil organizada**; b) **aprovação do projeto pela instância colegiada deliberativa**, que compõe a estrutura básica da governança interfederativa.

Conforme discriminado no quadro esquemático acima, **no processo de elaboração do PDUI**, bem como ao longo da fiscalização da sua aplicação, também deverá ser assegurado: a) a **promoção de audiências públicas** e **debates** com a **participação de representantes da sociedade civil** e da **população**; b) a **publicidade quanto aos documentos e informações** produzidos; e c) **o acompanhamento pelo Ministério Público** (art. 12, §2º, do EM).

Nos termos do art. 12, §3º e §4º, do EM, **incluídos pela Lei nº 13.683/2018**, as referidas **audiências públicas** devem ser precedidas de **ampla divulgação** em todos os Municípios integrantes da unidade territorial e seguirão os **critérios estabelecidos pela instância colegiada deliberativa.**

O Estatuto da Metrópole fixou as **diretrizes mínimas que o PDUI deverá contemplar** (art. 12, §1º, do EM). Segue tabela que descreve este conteúdo mínimo, com a indicação dos incisos que tiveram a redação alterada ou foram incluídos pela Lei nº 13.683/2018:

DIRETRIZES MÍNIMAS DO PDUI
- As **diretrizes** para as **funções públicas de interesse comum**, incluindo projetos estratégicos e ações prioritárias para investimentos;
- O **macrozoneamento** da unidade territorial urbana;
- As **diretrizes** quanto à articulação dos Municípios no **parcelamento, uso e ocupação no solo urbano**;
- As **diretrizes** quanto à **articulação intersetorial das políticas públicas** afetas à unidade territorial urbana;
- A **delimitação das áreas com restrições à urbanização** visando à proteção do patrimônio ambiental ou cultural, bem como das áreas sujeitas a controle especial pelo risco de desastres naturais, se existirem (Redação dada pela Lei nº 13.683/2018);
- O **sistema de acompanhamento e controle** de suas disposições (Redação dada pela Lei nº 13.683/2018);
- As **diretrizes** mínimas para implementação de efetiva **política pública de regularização fundiária** urbana, nos termos da Lei nº 13.465, de 11 de julho de 2017 (Incluído pela Lei nº 13.683, de 2018).

Ressalte-se, ainda, que além do PDUI é possível a formulação de **planos setoriais interfederativos** para políticas públicas direcionadas à região metropolitana ou à aglomeração urbana (art. 10, §1º, do EM).

ATENÇÃO

A elaboração do PDUI exime o Município integrante da região metropolitana ou aglomeração urbana da formulação do respectivo plano diretor?

NÃO. Além de não eximir dessa responsabilidade, os Municípios integrantes do aglomerado deverão compatibilizar o seu plano diretor com o plano de desenvolvimento urbano integrado (Art. 10, §2º, do EM).

O Estatuto da Metrópole promoveu alguma alteração legislativa no Estatuto da Cidade?

*SIM. O art. 24 do Estatuto da Metrópole acrescentou o **art. 34-A ao Estatuto da Cidade**, para dispor acerca das **operações urbanas consorciadas interfederativas**, que deverão ser aprovadas por **lei ordinária estadual específica** e receberão o mesmo tratamento conferido às operações urbanas consorciadas, com previsão nos arts. 32 a 34 do Estatuto das Cidades.*

5. APOIO DA UNIÃO NO DESENVOLVIMENTO URBANO INTEGRADO. DISPOSIÇÕES FINAIS

Conforme assentado no art. 21, XX, da Constituição Federal, compete à União "instituir diretrizes para o desenvolvimento urbano, inclusive habitação, saneamento básico e transportes urbanos".

Diante deste contexto constitucional, o Estatuto da Metrópole previu, no seu art. 13, a **necessidade de a União incluir ações na Política Nacional de Desenvolvimento Urbano (PNDU) que amparem as iniciativas dos Estados e dos Municípios voltadas à governança interfederativa**, observados o plano plurianual, a lei de diretrizes orçamentárias e as leis orçamentárias anuais.

Para que a União possa apoiar a governança interfederativa, é **exigido da unidade territorial integrada o cumprimento de um único requisito:** possuir **gestão plena**. Ressalte-se, contudo, que o Estatuto da Metrópole prevê a possibilidade de **regulamento estabelecer outros requisitos adicionais**, necessários para garantir o apoio da União à governança interfederativa (art. 14, caput e §3º, do EM).

Conforme já estudado, nos termos do art. 2º, III, do EM, a região metropolitana ou a aglomeração urbana terá **gestão plena** quando presentes: a) **formalização e delimitação mediante lei complementar estadual**; b) **estrutura de governança interfederativa própria**; e c) **Plano de Desenvolvimento Urbano Integrado (PDUI) aprovado mediante lei estadual.**

Esse apoio da União poderá ser materializado, por exemplo, mediante o **auxílio na elaboração e revisão do Plano de Desenvolvimento Urbano Integrado (PDUI)** de regiões metropolitanas e de aglomerações urbanas.

RESUMO DO APOIO DA UNIÃO NO DESENVOLVIMENTO URBANO INTEGRADO		
Serão incluídas **ações na Política Nacional de Desenvolvimento Urbano (PNDU) que amparem** as iniciativas dos Estados e dos Municípios voltadas à governança interfederativa.	Será exigido um único **requisito** para apoiar a unidade territorial urbana: possuir **gestão plena.** Porém, **regulamento** poderá estabelecer requisitos adicionais.	O apoio será materializado, por exemplo, por meio do **auxílio na elaboração e revisão do Plano de Desenvolvimento Urbano Integrado (PDUI).**

ATENÇÃO

*A **Lei nº 13.683/2018 alterou o §2º do art. 14, do EM**, para esclarecer uma contradição legislativa anteriormente existente. Atualmente, por expressa disposição legal, **não é possível exigir PDUI aprovado mediante lei estadual na unidade territorial** (terceiro requisito para caracterização a gestão plena, constante do art. 2º, III, c, do EM), **para que a União preste auxílio na elaboração do próprio PDUI.***

Ainda, a **Lei nº 13.683/2018 incluiu o art. 16-A ao Estatuto da Metrópole**, para estabelecer que **a União**, ao apoiar as iniciativas dos Estados e Municípios voltadas à governança interfederativa, **deverá promover a instituição de um sistema nacional de informações urbanas e metropolitanas.**

O texto original do Estatuto da Metrópole previa, no seu art. 21, **atos que caracterizavam a prática de improbidade administrativa** pelos Governadores, Prefeitos e demais agentes públicos que atuam na estrutura da governança interfederativa. **Tal previsão foi expressamente revogada pelo art. 4º da Lei nº 13.683/2018.**

Entretanto, em que pese não existirem condutas específicas que caracterizem a prática de atos de improbidade administrativa, descritas no Estatuto da Metrópole, os agentes públicos responsáveis pela administração das regiões metropolitanas, aglomerações urbanas ou microrregiões, submetem-se à disciplina geral delineada pela Lei de Improbidade Administrativa (Lei nº 8.429/92).

ATENÇÃO

*O Estatuto da Metrópole prevê possibilidade de **Municípios formalizarem convênios de cooperação** ou **constituírem consórcios públicos** para **atuação em funções públicas de interesse comum no campo do desenvolvimento urbano**, independentemente das disposições constantes no Estatuto (art. 23 do EM).*

Como é possível notar, o Estatuto das Metrópoles exige dos Estados e Municípios organização, comprometimento e integração, para que seja possível a definição de regiões e, em seguida, a efetivação de diálogos entre os gestores locais e seus cidadãos, de modo a permitir a elaboração de instrumentos de desenvolvimento urbano integrado e maximização da prestação de serviços públicos comuns.

A cada dia que passa as administrações públicas municipais e estaduais têm adotado formas modernas de governar, especialmente por meio da governança interfederativa. A consequência disso é um crescimento mais ordenado das cidades e das funções públicas, privilegiando os interesses comuns em detrimento dos objetivos locais.

6. TÓPICO-SÍNTESE

<table>
<tr><th colspan="5">TÓPICO-SÍNTESE: ESTATUTO DA METRÓPOLE</th></tr>
<tr><td colspan="5">Após 15 anos da publicação do Estatuto da Cidade, foi sancionada Lei Federal nº 13.089/2015, o Estatuto da Metrópole. O referido diploma normativo passou a regulamentar as unidades territoriais urbanas, caracterizadas como aglomerações urbanas de natureza metropolitana ou não metropolitana, a serem instituídas pelos Estados, a fim de possibilitar o desenvolvimento das funções públicas de interesse comum dos Municípios envolvidos, mediante uma governança interfederativa, com apoio da União.</td></tr>
<tr><td rowspan="3">PILARES DO ESTATUTO DA METRÓPOLE</td><td>1º Pilar</td><td colspan="3">Institui diretrizes gerais para o planejamento, a gestão e a execução das funções públicas de interesse comum em regiões metropolitanas e em aglomerações urbanas, criadas pelos Estados.</td></tr>
<tr><td>2º Pilar</td><td colspan="3">Cria normas gerais sobre o Plano de Desenvolvimento Urbano Integrado (PDUI) e outros instrumentos de governança interfederativa.</td></tr>
<tr><td>3º Pilar</td><td colspan="3">Fixa critérios para o apoio da União a ações que envolvam governança interfederativa no campo do desenvolvimento urbano.</td></tr>
<tr><td colspan="5">De acordo com a nova redação do art. 1º, §2º, do Estatuto da Metrópole, conferida pela Lei nº 13.683, 19 de junho de 2018, a observância das suas disposições não afasta as normas gerais de direito urbanístico estabelecidas no Estatuto da Cidade (Lei nº 10.257/2001), que regulamenta os arts. 182 e 183, da Constituição Federal, e estabelece as diretrizes gerais da política urbana.</td></tr>
<tr><td rowspan="2">SEMELHANÇAS E DIFRENÇAS ENTRE OS ESTATUTOS DA CIDADE E DA METRÓPOLA</td><td>Estatuto da Metrópole</td><td>Lei Federal</td><td>Estabelece diretrizes para o Desenvolvimento Urbano</td><td>Âmbito de incidência INTERMUNICIPAL (Regiões metropolitanas e Aglomerações urbanas)</td></tr>
<tr><td>Estatuto da Cidade</td><td>Lei Federal</td><td>Estabelece diretrizes para o Desenvolvimento Urbano</td><td>Âmbito de incidência MUNICIPAL</td></tr>
</table>

<table>
<tr><th colspan="3">TÓPICO-SÍNTESE: ESTATUTO DA METRÓPOLE</th></tr>
<tr><td rowspan="8">CONCEITOS IMPORTANTES PREVISTOS NO ESTATUTO DA METRÓPOLE</td><td>AGLOMERAÇÃO URBANA</td><td>Unidade territorial urbana constituída pelo agrupamento de 2 (dois) ou mais municípios limítrofes, caracterizada por complementaridade funcional e integração das dinâmicas geográficas, ambientais, políticas e socioeconômicas.</td></tr>
<tr><td>METRÓPOLE</td><td>Espaço urbano com continuidade territorial que, em razão de sua população e relevância política e socioeconômica, tem influência nacional ou sobre uma região que configure, no mínimo, a área de influência de uma capital regional, conforme os critérios adotados pelo IBGE.</td></tr>
<tr><td>REGIÃO METROPOLITANA</td><td>Unidade regional instituída pelos Estados, mediante lei complementar, constituída por agrupamento de Municípios limítrofes para integrar a organização, o planejamento e a execução de funções públicas de interesse comum.</td></tr>
<tr><td>ÁREA METROPOLITANA</td><td>Representação da expansão contínua da malha urbana da metrópole, conurbada pela integração dos sistemas viários, abrangendo, especialmente, áreas habitacionais, de serviços e industriais com a presença de deslocamentos pendulares no território.</td></tr>
<tr><td>FUNÇÃO PÚBLICA DE INTERESSE COMUM - FPIC</td><td>Política pública ou ação nela inserida, cuja realização por parte de um Município, isoladamente, seja inviável ou cause impacto em Municípios limítrofes.</td></tr>
<tr><td>GOVERNANÇA INTERFEDERATIVA</td><td>Compartilhamento de responsabilidades e ações entre entes da Federação em termos de organização, planejamento e execução de funções públicas de interesse comum.</td></tr>
<tr><td>GESTÃO PLENA</td><td>Condição de região metropolitana ou de aglomeração urbana que possui: a) formalização e delimitação mediante lei complementar estadual; b) estrutura de governança interfederativa própria; c) plano de desenvolvimento urbano integrado.</td></tr>
<tr><td>GOVERNANÇA INTERFEDERATIVA DAS FUNÇÕES DE INTERESSE COMUM</td><td>Compartilhamento de responsabilidades e ações entre entes da Federação em termos de organização, planejamento e execução de funções públicas de interesse comum, mediante a execução de um sistema integrado e articulado de planejamento, de projetos, de estruturação financeira, de implantação, de operação e de gestão.</td></tr>
</table>

<table>
<tr><th colspan="3">TÓPICO-SÍNTESE: ESTATUTO DA METRÓPOLE</th></tr>
<tr><th colspan="3">INSTITUIÇÃO DE REGIÕES METROPOLITANAS E AGLOMERAÇÕES URBANAS</th></tr>
<tr><td colspan="3">Art. 25, § 3º, da Constituição Federal. Os Estados poderão, mediante lei complementar, instituir regiões metropolitanas, aglomerações urbanas e microrregiões, constituídas por agrupamentos de municípios limítrofes, para integrar a organização, o planejamento e a execução de funções públicas de interesse comum.</td></tr>
<tr><td rowspan="4">REQUISITOS E CARACTERÍSTICAS DA INSTITUIÇÃO DOS ESPAÇOS URBANOS INTEGRADOS</td><td>Competência legal</td><td>Estados-Membros.</td></tr>
<tr><td>Instrumento legal</td><td>Lei Complementar (precedida de estudos técnicos e audiências públicas).</td></tr>
<tr><td>Composição</td><td>Agrupamento de Municípios limítrofes.</td></tr>
<tr><td>Finalidade</td><td>Integrar a organização, o planejamento e a execução de funções públicas de interesse comum.</td></tr>
<tr><td colspan="3">Quando essa instituição de espaços urbanos integrados envolver Municípios pertencentes a mais de um Estado, é necessária a aprovação de Lei Complementar pela Assembleia Legislativa de cada Estado envolvido. Enquanto não forem aprovadas as LCs por todos os Estado envolvidos, o agrupamento dos municípios limítrofes somente terá validade para aqueles em que os Estados já houverem aprovado a respectiva lei (art. 4º do EM).</td></tr>
<tr><td>CONTEÚDO MÍNIMO DAS LEIS INSTITUIDORAS DESSES ESPAÇOS URBANOS</td><td colspan="2">- Os Municípios que integram a unidade territorial urbana;
- Os campos funcionais ou funções públicas de interesse comum que justificam a instituição da unidade territorial urbana;
- A conformação da estrutura de governança interfederativa, incluindo a organização administrativa e o sistema integrado de alocação de recursos e de prestação de contas; e
- Os meios de controle social da organização, do planejamento e da execução de funções públicas de interesse comum.</td></tr>
<tr><th colspan="3">GOVERNANÇA INTERFEDERATIVA EM REGIÕES METROPOLITANAS E AGLOMERAÇÕES URBANAS</th></tr>
<tr><td colspan="3">Os Estados e os Municípios incluídos em regiões metropolitanas, aglomerações urbanas ou microrregiões, deverão organizar, planejar e executar as funções públicas de interesse comum por meio de uma forma de administração chamada de "governança interfederativa". Trata-se de um sistema integrado e articulado que engloba: a) planejamento; b) projetos; c) estruturação financeira; d) implantação; e) operação; e f) gestão.</td></tr>
</table>

TÓPICO-SÍNTESE: ESTATUTO DA METRÓPOLE	
PRINCÍPIOS DA GOVERNANÇA INTERFEDERATIVA	- **Prevalência do interesse comum sobre o local;** - **Compartilhamento de responsabilidades e de gestão** para a promoção do desenvolvimento urbano integrado; - **Autonomia** dos entes da Federação; - **Observância das peculiaridades** regionais e locais; - **Gestão democrática da cidade**, nos termos dos arts. 43 a 45 do Estatuto da Cidade (Lei nº 10.257/2001); - Efetividade no uso dos recursos públicos; - Busca do **desenvolvimento sustentável**.
DIRETRIZES ESPECÍFICAS DA GOVERNANÇA INTERFEDERATIVA	- Implantação de **processo permanente e compartilhado de planejamento e de tomada de decisão** quanto ao desenvolvimento urbano e às políticas setoriais afetas às funções públicas de interesse comum; - Estabelecimento de **meios compartilhados de organização administrativa** das funções públicas de interesse comum; - Estabelecimento de **sistema integrado de alocação de recursos e de prestação de contas;** - Execução **compartilhada** das funções públicas de interesse comum, mediante **rateio de custos previamente pactuados** no âmbito da estrutura de governança interfederativa; - **Participação de representantes da sociedade civil** nos processos de planejamento e de tomada de decisão; - **Compatibilização dos planos plurianuais, das leis de diretrizes orçamentárias e dos orçamentos anuais** dos entes envolvidos na governança interfederativa; - **Compensação por serviços ambientais ou outros serviços prestados** pelo Município à unidade territorial urbana, na forma da lei e dos acordos firmados no âmbito da estrutura de governança interfederativa.
DIRETRIZES GERAIS NO EXERCÍCIO DAS FUNÇÕES PÚBLICAS DE INTERESSE COMUM	- **Compartilhamento da tomada de decisões** com vistas à implantação de processo relativo ao planejamento, à elaboração de projetos, à sua estruturação econômico-financeira, à operação e à gestão do serviço ou da atividade; - **Compartilhamento de responsabilidades na gestão de ações e projetos** relacionados às funções públicas de interesse comum, os quais deverão ser executados mediante a articulação de órgãos e entidades dos entes federados.

<table>
<tr><th colspan="2">TÓPICO-SÍNTESE: ESTATUTO DA METRÓPOLE</th></tr>
<tr><td colspan="2">Ao se criar uma região metropolitana ou aglomeração urbana, não haverá a transferência de competências relativas aos interesses comuns para o(s) Estado(s) instituidor(es). De igual forma, o poder decisório não poderá ficar concentrado em um único ente. Deverá ocorrer uma divisão de responsabilidades entre o(s) Estado(s) e os Municípios participantes. Ressalte-se, contudo, que a participação dos entes na instância executiva não precisa ser paritária, desde que seja apta a prevenir a concentração do poder decisório no âmbito de um único ente.</td></tr>
<tr><td>ESTRUTURA BÁSICA DA GOVERNANÇA INTERFEDERATIVA</td><td>- Instância executiva com representantes do poder executivo dos entes federativos integrantes;
- Instância colegiada deliberativa com representação da sociedade civil;
- Organização pública com funções técnico-consultivas;
- Sistema integrado de alocação de recursos e de prestação de contas.</td></tr>
<tr><th colspan="2">INSTRUMENTOS DE DESENVOLVIMENTO URBANOS INTEGRADO</th></tr>
<tr><td>INSTRUMENTOS ESPECÍFICOS PARA O DESENVOLVIMENTO URBANO INTEGRADO</td><td>- Plano de Desenvolvimento Urbano Integrado (PDUI);
- Planos setoriais interfederativos;
- Fundos públicos;
- Operações urbanas consorciadas interfederativas;
- Zonas para aplicação compartilhada dos instrumentos urbanísticos previstos no Estatuto da Cidade;
- Consórcios públicos, observada a Lei nº 11.107/2005;
- Convênios de cooperação;
- Contratos de gestão;
- Compensação por serviços ambientais ou outros serviços;
- Parcerias público-privadas interfederativas.</td></tr>
<tr><td>CARACTERÍSTICAS DO PLANO DE DESENVOLVIMENTO URBANO INTEGRADO - PDUI</td><td>- Aprovação mediante Lei Ordinária Estadual;
- A lei ordinária estadual deverá ser revista, pelo menos, a cada 10 anos;
- Deve considerar o conjunto de Municípios que compõem a unidade e abranger áreas urbanas e rurais;
- No processo de elaboração deve ser assegurada: Cooperação entre os entes integrantes da unidade e a sociedade civil; aprovação pela instância colegiada deliberativa; realização de audiências públicas; publicidade dos documentos e informações; e participação do MP.</td></tr>
</table>

<table>
<tr><th colspan="2">TÓPICO-SÍNTESE: ESTATUTO DA METRÓPOLE</th></tr>
<tr><td>DIRETRIZES MÍNIMAS DO PDUI</td><td>- As diretrizes para as funções públicas de interesse comum, incluindo projetos estratégicos e ações prioritárias para investimentos;
- O macrozoneamento da unidade territorial urbana;
- As diretrizes quanto à articulação dos Municípios no parcelamento, uso e ocupação no solo urbano;
- As diretrizes quanto à articulação intersetorial das políticas públicas afetas à unidade territorial urbana;
- A delimitação das áreas com restrições à urbanização visando à proteção do patrimônio ambiental ou cultural, bem como das áreas sujeitas a controle especial pelo risco de desastres naturais, se existirem (Redação dada pela Lei nº 13.683/2018);
- O sistema de acompanhamento e controle de suas disposições (Redação dada pela Lei nº 13.683/2018);
- As diretrizes mínimas para implementação de efetiva política pública de regularização fundiária urbana, nos termos da Lei nº 13.465, de 11 de julho de 2017 (Incluído pela Lei nº 13.683, de 2018).</td></tr>
<tr><td colspan="2">A elaboração do PDUI não exime o Município integrante da região metropolitana ou aglomeração urbana da formulação do respectivo plano diretor. Ainda, os Municípios integrantes do aglomerado deverão compatibilizar o seu plano diretor com o plano de desenvolvimento urbano integrado (Art. 10, §2º, do EM).</td></tr>
<tr><th colspan="2">APOIO DA UNIÃO NO DESENVOLVIMENTO URBANO INTEGRADO. DISPOSIÇÕES GERAIS</th></tr>
<tr><td colspan="2">O Estatuto da Metrópole previu, no seu art. 13, a necessidade de a União incluir ações na Política Nacional de Desenvolvimento Urbano (PNDU) que amparem as iniciativas dos Estados e dos Municípios voltadas à governança interfederativa, observados o plano plurianual, a lei de diretrizes orçamentárias e as leis orçamentárias anuais.</td></tr>
<tr><td rowspan="3">RESUMO DO APOIO DA UNIÃO NO DESENVOLVIMENTO URBANO INTEGRADO</td><td>Serão incluídas ações na Política Nacional de Desenvolvimento Urbano (PNDU) que amparem as iniciativas dos Estados e dos Municípios voltadas à governança interfederativa.</td></tr>
<tr><td>Será exigido um único requisito para apoiar a unidade territorial urbana: possuir gestão plena. Porém, regulamento poderá estabelecer requisitos adicionais.</td></tr>
<tr><td>O apoio será materializado, por exemplo, por meio do auxílio na elaboração e revisão do Plano de Desenvolvimento Urbano Integrado (PDUI).</td></tr>
</table>

TÓPICO-SÍNTESE: ESTATUTO DA METRÓPOLE
A **Lei nº 13.683/2018 incluiu o art. 16-A ao Estatuto da Metrópole**, para estabelecer que **a União**, ao apoiar as iniciativas dos Estados e Municípios voltadas à governança interfederativa, **deverá promover a instituição de um sistema nacional de informações urbanas e metropolitanas.**
O Estatuto da Metrópole prevê possibilidade de **Municípios formalizarem convênios de cooperação** ou **constituírem consórcios públicos** para **atuação em funções públicas de interesse comum no campo do desenvolvimento urbano**, independentemente das disposições constantes no Estatuto (art. 23 do EM).

Capítulo

6

INSTRUMENTOS DE CONTROLE URBANÍSTICO

Leia a Lei:

- *Arts. 2º, VI e 4º, da Lei 7.347/85; 52 da Lei 10.257/01; 51 da Lei 13.089/15; 9º, 10 e 11, da Lei 8.429/92; 50 da Lei 6.766/79; 5º, LXXIII, da CF/88.*

1. PODER DE POLÍCIA: GENERALIDADES E PODER DE POLÍCIA URBANÍSTICO

O **poder de polícia** foi precisamente conceituado pelo doutrinador Hely Lopes Meirelles (2006, p. 469): "Em linguagem menos técnica podemos dizer que o poder de polícia é o mecanismo de frenagem de que dispõe a Administração Pública para conter abusos do direito individual. Por esse mecanismo, que faz parte de toda Administração, o Estado detém a atividade dos particulares que se revelar contrária, nociva ou inconveniente ao bem-estar social, ao desenvolvimento e à segurança nacional".

Portanto, é possível definir o **poder de polícia administrativa** como o poder de que dispõe a Administração Pública para, **na forma da lei**, **condicionar** ou **restringir** o **uso de bens**, o **exercício de direitos** e a **prática de atividades, por particulares**, que possam **afetar toda a coletividade**. É a preservação da sociedade em detrimento de interesses privados.

Esse poder administrativo possui diversas **características** peculiares, que podem ser resumidas conforme quadro esquemático a seguir:

CARACTERÍSTICAS DO PODER DE POLÍCIA ADMINISTRATIVA

FINALIDADE	FUNDAMENTO	OBJETO	EXTENSÃO	LIMITES
Necessidade de proteção dos interesses públicos, no sentido amplo.	Supremacia do interesse público sobre o particular.	Bem, direito ou atividade individual que possa afetar a sociedade.	Onde houver interesse relevante da coletividade (extensão ampla).	São demarcados pelo interesse social em equilíbrio com os direitos fundamentais.

Outras definições relevantes quando se estuda o poder de polícia são os seus **atributos** específicos, quais sejam: **discricionariedade, autoexecutoriedade** e **coercibilidade.** A diante, serão destrinchados os conceitos de Hely Lopes Meirelles (2006, p. 474-477):

ATRIBUTOS DO PODER DE POLÍCIA

- **Discricionariedade:** Traduz-se na livre escolha, pela Administração, da oportunidade e conveniência de exercer o poder de polícia, bem como de aplicar as sanções legais e empregar os meios conducentes a atingir o fim colimado, que é a proteção de algum interesse público.
- **Autoexecutoriedade:** É a possibilidade de a Administração decidir e executar diretamente sua decisão, por seus próprios meios, sem intervenção do Judiciário.
- **Coercibilidade:** É a imposição coativa das medidas adotadas pela Administração. Não há ato de policia facultativo para o particular, pois todos eles admitem a coerção estatal para torná-los efetivos e essa coerção também independe da autorização judicial.

Migrando da análise geral para a específica, temos que as **limitações urbanísticas** são preceitos de ordem pública, que derivam do poder de polícia estatal, destinadas a regular o uso do solo, as construções e o desenvolvimento urbano, com objetivo de proteger a sociedade e proporcionar melhores condições de vida coletiva.

O **controle urbanístico** ocorre por meio de **mecanismos (instrumentos)** de que dispõe o Poder Público, voltados à verificação da observância das normas e planos que conferem regras e limites ao desenvolvimento das cidades. Em diplomas normativos (a exemplo do Estatuto da Cidade, leis de uso e ocupação do solo e Planos Diretores) são estabelecidos parâmetros ao crescimento urbano, como: o zoneamento, os usos permitidos e tolerados para cada zona e os coeficientes de aproveitamento.

O atendimento desses parâmetros deve ser fiscalizado pelo Poder Público, a fim de evitar, corrigir ou repreender a prática de atos em desconformidade com a lei, preservando, consequentemente, o bem-estar coletivo a partir de um crescimento ordenado das cidades.

Segundo José Afonso da Silva (2010, p. 429), o controle urbanístico realizado pelo Poder Público ocorrerá em 3 (três) momentos distintos: "(a) *antes* da atuação do interessado - que é o mais importante, dito *controle prévio*, que se realiza pela *aprovação* de planos e projetos, pelas *autorizações* e pelas *licenças*; (b) *durante* a atuação do interessado, dito *controle concomitante* - que se efetiva pelas *inspeções, comunicações* e *fiscalização*; (c) finalmente, depois da atuação do interessado - o que se dá pelo *controle sucessivo* ou *a posteriori*, mediante auto de vistoria, de conclusão de obra ou *habite-se*".

Para facilitar o entendimento da matéria, segue quadro esquemático das formas de controle urbanístico desenvolvidas pelo Poder Público:

	CONTROLE URBANÍSTICO RELIZADO PELO PODER PÚBLICO		
MOMENTO	ANTES	DURANTE	DEPOIS
ESPÉCIE	Controle prévio.	Controle concomitante.	Controle sucessivo/ repressivo ou *a posteriori*.
CONCRETIZAÇÃO	Autorizações e licenças.	Inspeções, comunicações e fiscalizações.	Autos de vistoria, autos de conclusão e "habite-se".

Todos os instrumentos de controle aqui relacionados (prévios, concomitantes ou sucessivos/repressivos) têm como características primordial a **proteção da legalidade urbanística.**

Por ostentarem maior relevância prática, serão examinados individualmente os instrumentos de controle prévio e de controle sucessivo/repressivo.

2. CONTROLE PRÉVIO. AUTORIZAÇÕES E LICENÇAS URBANÍSTICAS

A polícia administrativa age, primordialmente, de **forma preventiva**. O Poder Público, por meio de leis e regulamentos que condicionam o uso da propriedade, fixa requisitos necessários para a outorga de alvarás (autorização e licença) aos interessados.

As **licenças** e as **autorizações** são atos administrativos da categoria dos **atos de consentimento estatal** ou **atos negociais**. Segundo José dos Santos Carvalho Filho (2012, p. 140), esses atos administrativos possuem 3 (três) características comuns: "1ª) o consentimento do Poder Público é indispensável para que o interessado possa exercer a atividade; 2ª) sempre resultam do requerimento do interessado, a Administração não os pratica *ex officio*; 3ª) só haverá legitimidade do desempenho da atividade se for conferida ao interessado a anuência do Poder Público".

Portanto, as autorizações e licenças se caracterizam por **condicionarem o exercício de um direito,** por um particular, ao preenchimento de determinadas **exigências e requisitos impostos por lei.** No **campo urbanístico**, ao agregarem a ideia de controle e intervenção no planejamento urbano, passam a ser denominadas de **autorizações** e **licenças urbanísticas**, que compõem o exercício pelo Estado do seu **poder de polícia urbanística.**

As **autorizações** são atos **discricionários** e **precários,** condicionados à verificação da **conveniência** e **oportunidade administrativas**, não existindo direito subjetivo à obtenção do consentimento estatal para o desempenho da atividade pretendida. Já as **licenças** traduzem-se em atos **vinculados** e **definitivos**, possuindo o interessado direito subjetivo à sua aquisição sempre que preenchidos os requisitos descritos em lei.

Hely Lopes Meirelles (2004, p. 170-171) resumiu as distinções existentes entre estes dois instrumentos de controle preventivo: "Na autorização, embora o pretendente satisfaça as exigências administrativas, o Poder Público decide discricionariamente sobre a conveniência ou não do atendimento da pretensão do interessado ou da cassação do ato autorizado, diversamente do que ocorre com a licença e a admissão, em que, satisfeitas as prescrições legais, fica a Administração obrigada a licenciar ou a admitir.

Para José Afonso da Silva (2010, p. 435-436), as **licenças urbanísticas** são informadas por alguns **princípios gerais**:

NECESSIDADE	**O interessado é obrigado a requerê-las nos casos em que o exercício da atividade as exija**, não podendo a Administração dispensá-las nem substituí-las por outras exigências ou compensações.
CARÁTER VINCULADO	**Não podem ser negadas quando o requerente demonstrar ter preenchido todas as exigências** e requisitos previstos em lei para o exercício da faculdade licenciável.
TRANSFERIBILIDADE	**Transfere-se automaticamente aos sucessores.** Na venda de um imóvel, por exemplo, o Poder Público não pode se negar a expedir ou transferir a licença ao novo proprietário.
AUTONOMIA	**Não tem efeito relativamente às relações privadas.** A Administração não pode, por exemplo, discutir a propriedade de terrenos para os quais se solicita as licenças, não podendo ingressar em questões civis.
DEFINITIVIDADE	**Dentro do prazo de vigência a que ficam subordinadas, as licenças são defintivas.** Frise-se, contudo, que estarão sujeitas à invalidação, cassação e revogação.

As licenças mais relevantes para fins urbanísticos, por constituírem instrumentos de efetivação das normas de planejamento urbano e regularem atividades que afetam a ordenação das cidades, são: as **licenças para edificação (ou construção)**, as **licenças para reformas** e as **licenças para demolições.**

3. CONTROLE REPRESSIVO. SANÇÕES ADMINISTRATIVAS. RESPONSABILIDADE CIVIL E PENAL

Os **instrumentos de controle repressivos** (*a posteriori*) visam corrigir desvio de legalidade nos atos sujeitos a limitações de índole urbanística. Os meios repressivos podem ser **administrativos** ou **judiciais**.

O controle repressivo de **natureza administrativa** é efetivado mediante a imposição de sanções administrativas, como, por exemplo: multas, interdições de atividades, demolição compulsória, embargos de obras, fechamento de estabelecimentos e a cassação de alvarás.

As **sanções administrativas** resultam da **coercibilidade** do poder de polícia, e sua imposição e execução pela própria Administração Pública é resultado da **autoexecutoriedade**. Frise-se, contudo, que a cominação de sanções administrativas deve respeitar os princípios da legalidade, devido processo administrativo, contraditório, ampla defesa e proporcionalidade.

Já a proteção da legalidade urbanística de **natureza judicial** se concretiza por meio da aplicação de **sanções de natureza cível** e **criminal**.

Como exemplo de **controle de natureza cível (judicial** e **repressivo)** temos: a) **ação civil pública;** b) **improbidade administrativa;** c) **ação popular.**

A **ação civil pública**, com previsão da Lei Federal nº 7.347/85, é um importante instrumento de proteção dos bens e direitos da sociedade, decorrente da tutela específica dos interesses coletivos e difusos. O amparo da ordem urbanística, por meio de ações de responsabilidade por danos morais e patrimoniais, está expressamente prevista no art. 2º, VI, da referida lei.

Ao caracterizar a ordem urbanística como direito transindividual, a ser tutelado por meio da ação civil pública, José dos Santos Carvalho Filho (2013, p. 456) lecionou no seguinte sentido: "A ordem urbanística se configura realmente como direito transindividual. O processo de urbanização não tem escopo de proteger bem jurídico do indivíduo isoladamente considerado, mas sim o de tutelar grupos, comunidades, populações, vistos como conglomerados de pessoas com titularidade sobre direitos de natureza coletiva. A urbanização - já o vimos - alvitra atingir cidades, distritos, bairros, povoados e, enfim, todos os segmentos que compõem os centros urbanos".

Portanto, a ação civil pública é um típico instrumento de controle urbanístico repressivo. Cabe ressaltar, com fundamento no art. 4º da Lei nº 7.347/85, que esse instrumento poderá adquirir característica do controle preventivo, quando do ajuizamento de ação cautelar com objetivo de evitar o dano à ordem urbanística. Busca-se, dessa forma, impedir prejuízos a diretos que, uma vez consolidados, se tornariam irreversíveis.

ATENÇÃO

*Os **interesses transindividuais relativos à ordem urbanística** podem ser qualificados, como : a) **difusos**, quando têm grande abrangência e generalidade, e não existe relação jurídica entre os membros do agrupamento circunstancialmente formado (por exemplo: construção que impacta da malha viária de um bairro); b) **coletivos**, quando os indivíduos do agrupamento são determináveis e possuem relação jurídica entre si (por exemplo: construção de um edifício que abala a estrutura de um condomínio circunvizinho).*

A **ação de improbidade administrativa**, com previsão na Lei Federal nº 8.429/92, ao objetivar a aplicação de sanções decorrentes da prática de atos de improbidade administrativa por qualquer agente público, servidor ou não, caracteriza-se como uma ferramenta de controle urbanístico.

O Estatuto da Cidade (art. 52) e o Estatuto da Metrópole (art. 51) preveem condutas específicas que caracterizam atos de improbidade administrativa (analisadas, respectivamente, nos capítulos II e V). Contudo, esses dispositivos, por não fixarem as sanções, devem ser aplicados conjuntamente com os arts. 9º, 10 e 11, da Lei nº 8.429/92.

Outro importante instrumento judicial é a **ação popular**, prevista no art. 5º, LXXIII, da CF, e na Lei nº 4.171/65, utilizada por qualquer cidadão, com a finalidade anular ato lesivo ao patrimônio público ou entidade que o Estado participe, à moralidade administrativa, ao meio ambiente e ao patrimônio histórico e cultural.

Por fim, o **controle urbanístico de natureza penal** (**judicial** e **repressivo**) pode ser exemplificado pela tipificação de crimes contra Administração Pública no art. 50 da Lei nº 6.766/79 (Lei de Parcelamento do Solo Urbano). Nesses tipos penais o bem jurídico tutelado é a correta e ordenada ocupação do solo para fins urbanos, ou seja, é a ordem urbanística.

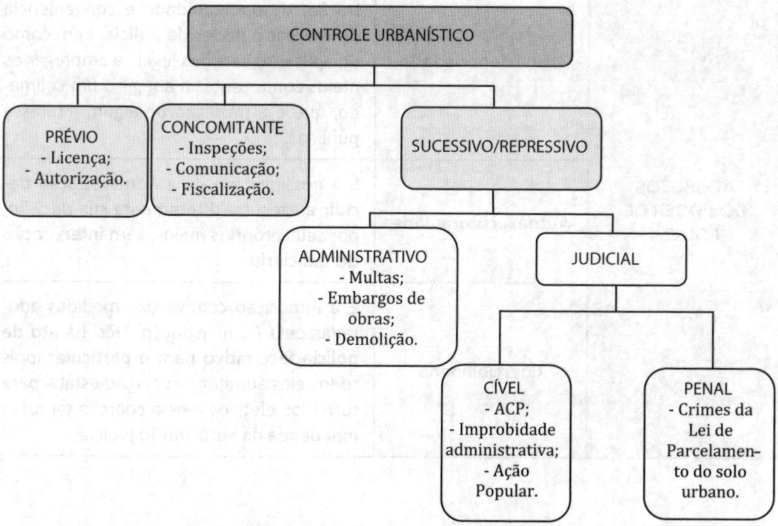

4. TÓPICO-SÍNTESE

TÓPICO-SÍNTESE: INSTRUMENTOS DE CONTROLE URBANÍSTICO		
CONCEITO DE PODER DE POLÍCIA	É possível definir o **poder de polícia administrativa** como o poder de que dispõe a Administração Pública para, **na forma da lei, condicionar** ou **restringir** o **uso de bens**, o **exercício de direitos** e a **prática de atividades, por particulares**, que possam **afetar toda a coletividade**. É a preservação da sociedade em detrimento de interesses privados.	
CARACTERÍSTICAS DO PODER DE POLÍCIA ADMINISTRATIVA	**Finalidade**	Necessidade de proteção dos interesses públicos, no sentido amplo.
	Fundamento	Supremacia do interesse público sobre o particular.
	Objeto	Bem, direito ou atividade individual que possa afetar a sociedade.
	Extensão	Onde houver interesse relevante da coletividade (extensão ampla).
	Limites	São demarcados pelo interesse social em equilíbrio com os direitos fundamentais.
ATRIBUTOS DO PODER DE POLÍCIA	**Discricionariedade**	Traduz-se na livre escolha, pela Administração, da **oportunidade e conveniência de exercer o poder de polícia**, bem como de aplicar as sanções legais e empregar os meios conducentes a atingir o fim colimado, que é a proteção de algum interesse público.
	Autoexecutoriedade	É a possibilidade de a Administração **decidir e executar diretamente sua decisão**, por seus próprios meios, **sem intervenção do Judiciário.**
	Coercibilidade	É a imposição coativa das medidas adotadas pela Administração. **Não há ato de policia facultativo para o particular**, pois todos eles admitem a coerção estatal para torná-los efetivos e essa coerção também independe da autorização judicial.

<table>
<tr><th colspan="3">TÓPICO-SÍNTESE: INSTRUMENTOS DE CONTROLE URBANÍSTICO</th></tr>
<tr><td>LIMITAÇÕES URBANÍSTICAS (CONTROLE URBANÍSTICO)</td><td colspan="2">São preceitos de ordem pública, que derivam do poder de polícia estatal, destinadas a regular o uso do solo, as construções e o desenvolvimento urbano, com objetivo de proteger a sociedade e proporcionar melhores condições de vida coletiva. Ocorre por meio de mecanismos (instrumentos) de que dispõe o Poder Público. Em diplomas normativos (a exemplo do Estatuto da Cidade, leis de uso e ocupação do solo e Planos Diretores) são estabelecidos parâmetros ao crescimento urbano como: o zoneamento, os usos permitidos e tolerados para cada zona e os coeficientes de aproveitamento.

O controle urbanístico realizado pelo Poder Público ocorrerá em três momentos distintos: 1º Controle prévio (antes): autorizações e licenças; 2º Controle concomitante (durante): inspeções, comunicações e fiscalizações; 3º Controle sucessivo/repressivo ou a posteriori (depois): autos de vistoria, autos de conclusão e "habite-se".</td></tr>
<tr><th colspan="3">CONTROLE PRÉVIO. AUTORIZAÇÕES E LICENÇAS URBANÍSTICAS</th></tr>
<tr><td colspan="3">A polícia administrativa age, primordialmente, de forma preventiva. O Poder Público, por meio de leis e regulamentos que condicionam o uso da propriedade, fixa requisitos necessários para a outorga de alvarás (autorização e licença) aos interessados. As autorizações e licenças se caracterizam por condicionarem o exercício de um direito, por um particular, ao preenchimento de determinadas exigências e requisitos impostos por lei.</td></tr>
<tr><td rowspan="2">INSTRUMENTOS DO CONTROLE PRÉVIO DO PODER DE POLÍCIA URBANÍSTICA</td><td>Autorização</td><td>São atos discricionários e precários, condicionados à verificação da conveniência e oportunidade administrativas, não existindo direito subjetivo à obtenção do consentimento estatal para o desempenho da atividade pretendida.</td></tr>
<tr><td>Licença</td><td>Traduzem-se em atos vinculados e definitivos, possuindo o interessado direito subjetivo à sua aquisição sempre que preenchidos os requisitos descritos em lei. Exemplos: licenças para edificação (ou construção), as licenças para reformas e as licenças para demolições.</td></tr>
</table>

TÓPICO-SÍNTESE: INSTRUMENTOS DE CONTROLE URBANÍSTICO		
PRINCÍPIOS INFORMADORES DAS LICENÇAS URBANÍSTICAS	**Necessidade**	O **interessado é obrigado a requerê-las nos casos em que o exercício da atividade as exija**, não podendo a Administração dispensá-las nem substituí-las por outras exigências ou compensações.
	Caráter Vinculado	**Não podem ser negadas quando o requerente demonstrar ter preenchido todas as exigências** e requisitos previstos em lei para o exercício da faculdade licenciável.
	Transferibilidade	**Transfere-se automaticamente aos sucessores.** Na venda de um imóvel, por exemplo, o Poder Público não pode se negar a expedir ou transferir a licença ao novo proprietário.
	Autonomia	**Não tem efeito relativamente às relações privadas.** A Administração não pode, por exemplo, discutir a propriedade de terrenos para os quais se solicita as licenças, não podendo ingressar em questões civis.
	Definitividade	**Dentro do prazo de vigência a que ficam subordinadas, as licenças são defintivas.** Frise-se, contudo, que estarão sujeitas à invalidação, cassação e revogação.

CONTROLE REPRESSIVO. SANÇÕES ADMINISTRATIVAS. RESPONSABILIDADE CIVIL E PENAL	
Os **instrumentos de controle repressivos** (*a posteriori*) visam corrigir desvio de legalidade nos atos sujeitos a limitações de índole urbanística. Os meios repressivos podem ser **administrativos** ou **judiciais.**	
CONTROLE REPRESSIVO ADMINISTRATIVO	Efetivado mediante a imposição **de sanções administrativas**, como, por exemplo: multas, interdições de atividades, demolição compulsória, embargos de obras, fechamento de estabelecimentos e a cassação de alvarás. As sanções administrativas resultam da **coercibilidade** do poder de polícia, e sua imposição e execução pela própria Administração Pública é resultado da **autoexecutoriedade**.

TÓPICO-SÍNTESE: INSTRUMENTOS DE CONTROLE URBANÍSTICO		
CONTROLE REPRESSIVO JUDICIAL	**Natureza Cível**	Como exemplo de **controle urbanístico de natureza cível** (**judicial** e **repressivo**) temos: a) **Ação Civil Pública:** o amparo da ordem urbanística, por meio de ações de responsabilidade por danos morais e patrimoniais, está expressamente prevista no art. 2º, VI, da Lei Federal nº 7.347/85; b) **Improbidade Administrativa:** com previsão na Lei Federal nº 8.429/92, ao objetivar a aplicação de sanções decorrentes da prática de atos de improbidade administrativa por qualquer agente público, servidor ou não, caracteriza-se como uma ferramenta de controle urbanístico; c) **Ação Popular:** prevista no art. 5º, LXXIII, da CF, e na Lei nº 4.171/65, utilizada por qualquer cidadão, com a finalidade anular ato lesivo ao patrimônio público ou entidade que o Estado participe, à moralidade administrativa, ao meio ambiente e ao patrimônio histórico e cultural.
	Natureza Criminal	O **controle urbanístico de natureza penal** (**judicial** e **repressivo**) pode ser exemplificado pela tipificação de crimes contra Administração Pública no art. 50 da Lei nº 6.766/79 (Lei de Parcelamento do Solo Urbano). Nesses tipos penais o bem jurídico tutelado é a correta e ordenada ocupação do solo para fins urbanos, ou seja, é a ordem urbanística.

Capítulo

7

MOBILIDADE URBANA (LEI Nº 12.587/2012)

Leia a Lei:

- *Arts. 1º a 28 da Lei 12.587/12; 40 e 41 da Lei 10.257/01; 178 e 182 da CF/88.*

1. INTRODUÇÃO

A **Lei Federal nº. 12.587/2012** instituiu as diretrizes da **Política Nacional de Mobilidade Urbana**, que é instrumento da política de desenvolvimento urbano de que tratam o **inciso XX do art. 21** e o **art. 182 da CF/88**, objetivando a **integração entre os diferentes modos de transporte e a melhoria da acessibilidade e mobilidade das pessoas e cargas no território do Município** (art. 1º da Lei nº. 12/587/2012).

A Política Nacional, nos termos do **parágrafo único do art. 1º da Lei nº. 12.587/2012**, deve atender ao previsto no **inciso VII do art. 2º** e no **§2º do art. 40 do Estatuto da Cidade.**

POLÍTICA NACIONAL DE MOBILIDADE

É instrumento da política de desenvolvimento urbano de que tratam o inciso XX do art. 21 e o artigo 182 da CF/88.

CF/88. Art. 21. Compete à União: [...] **XX** - instituir diretrizes para o desenvolvimento urbano, inclusive habitação, saneamento básico e transportes urbanos;

CF/88. Art. 182. A política de desenvolvimento urbano, executada pelo Poder Público municipal, conforme diretrizes gerais fixadas em lei, tem por objetivo ordenar o pleno desenvolvimento das funções sociais da cidade e garantir o bem-estar de seus habitantes.

Deve atender ao previsto no inciso VII do art. 2º e no §2º do art. 40 do Estatuto da Cidade.

Lei nº. 10.257/2001. Art. 2º. A política urbana tem por objetivo ordenar o pleno desenvolvimento das funções sociais da cidade e da propriedade urbana, mediante as seguintes diretrizes gerais: [...] **VII** – integração e complementaridade entre as atividades urbanas e rurais, tendo em vista o desenvolvimento socioeconômico do Município e do território sob

Lei nº. 10.257/2001. Art. 40. [...] **§ 2º.** O plano diretor deverá englobar o território do Município como um todo.

O **art. 2º da Lei nº. 12.587/2012** descreve o **objetivo** da Política Nacional de Mobilidade Urbana, qual seja: **contribuir para o acesso universal à cidade, o fomento e a concretização das condições que contribuam para a efetivação dos princípios, objetivos e diretrizes da política de desenvolvimento urbano, por meio do planejamento e da gestão democrática do Sistema Nacional de Mobilidade Urbana**.

Por sua vez, o **Sistema Nacional de Mobilidade Urbana** é o conjunto organizado e coordenado dos modos de transporte, de serviços e de infraestruturas que garante os deslocamentos de pessoas e cargas no território do Município (art. 3º da Lei nº 12.587/2012).

A **Lei nº. 12.587/2012** apresenta importantes conceitos e classificações destinados à melhor compreensão da matéria, vejamos:

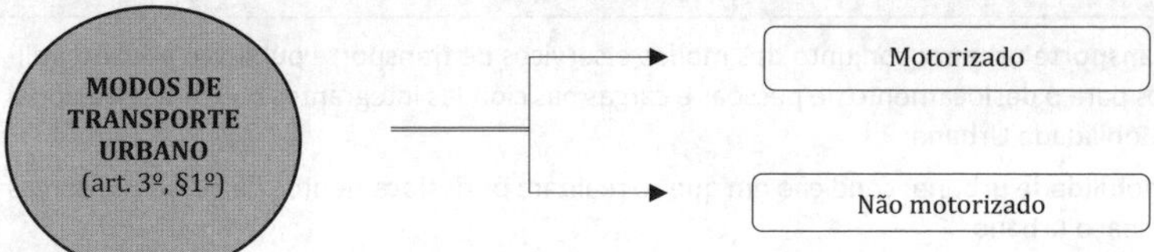

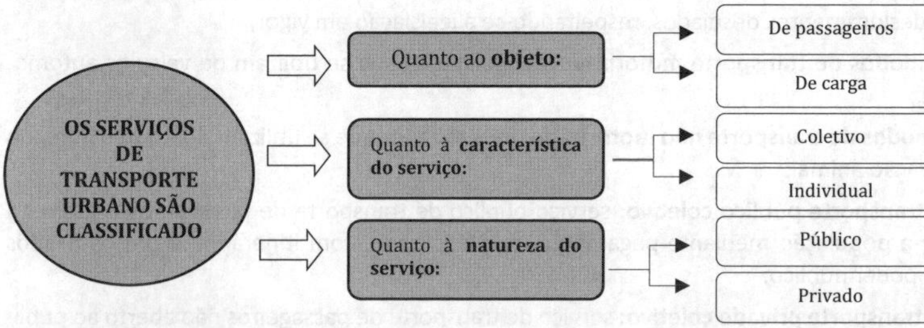

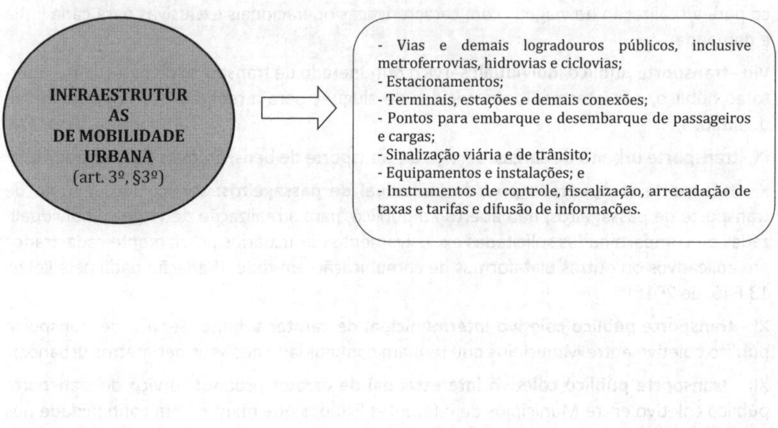

DEFINIÇÕES PARA A COMPREENSÃO DA POLÍTICA NACIONAL DE MOBILIDADE URBANA (art. 4º da Lei nº 12.587/12)
I - **transporte urbano:** conjunto dos modos e serviços de transporte público e privado utilizados para o deslocamento de pessoas e cargas nas cidades integrantes da Política Nacional de Mobilidade Urbana;
II - **mobilidade urbana:** condição em que se realizam os deslocamentos de pessoas e cargas no espaço urbano;
III - **acessibilidade:** facilidade disponibilizada às pessoas que possibilite a todos autonomia nos deslocamentos desejados, respeitando-se a legislação em vigor;
IV - **modos de transporte motorizado:** modalidades que se utilizam de veículos automotores;
V - **modos de transporte não motorizado:** modalidades que se utilizam do esforço humano ou tração animal;
VI - **transporte público coletivo:** serviço público de transporte de passageiros acessível a toda a população mediante pagamento individualizado, com itinerários e preços fixados pelo poder público;
VII - **transporte privado coletivo:** serviço de transporte de passageiros não aberto ao público para a realização de viagens com características operacionais exclusivas para cada linha e demanda;
VIII - **transporte público individual:** serviço remunerado de transporte de passageiros aberto ao público, por intermédio de veículos de aluguel, para a realização de viagens individualizadas;
IX - **transporte urbano de cargas:** serviço de transporte de bens, animais ou mercadorias;
X - **transporte remunerado privado individual de passageiros:** serviço remunerado de transporte de passageiros, não aberto ao público, para a realização de viagens individualizadas ou compartilhadas solicitadas exclusivamente por usuários previamente cadastrados em aplicativos ou outras plataformas de comunicação em rede. (Redação dada pela Lei nº 13.640, de 2018);
XI - **transporte público coletivo intermunicipal de caráter urbano:** serviço de transporte público coletivo entre Municípios que tenham contiguidade nos seus perímetros urbanos;
XII - **transporte público coletivo interestadual de caráter urbano:** serviço de transporte público coletivo entre Municípios de diferentes Estados que mantenham contiguidade nos seus perímetros urbanos; e
XIII - **transporte público coletivo internacional de caráter** urbano: serviço de transporte coletivo entre Municípios localizados em regiões de fronteira cujas cidades são definidas como cidades gêmeas.

ATENÇÃO

O ***inciso X do artigo 4º, da Lei nº. 12.587/2012****, que traz o conceito de transporte remunerado privado individual de passageiros teve sua redação recentemente dada pela* ***Lei nº. 13.640/2018****.*

2. PRINCÍPIOS, DIRETRIZES E OBJETIVOS DA POLÍTICA NACIONAL DE MOBILIDADE URBANA

Os **princípios** que fundamentam a Política Nacional de Mobilidade Urbana, bem como, as **diretrizes** que a orientam e o seus **objetivos**, estão listados expressamente na **Lei nº. 12.587/2012**, nos seus **arts. 5º, 6º e 7º**, respectivamente, conforme esquematizado nos seguintes quadros:

PRINCÍPIOS

- Acessibilidade universal;
- Desenvolvimento sustentável das cidades, nas dimensões socioeconômicas e ambientais;
- Equidade no acesso dos cidadãos ao transporte público coletivo;
- Eficiência, eficácia e efetividade na prestação dos serviços de transporte urbano;
- Gestão democrática e controle social do planejamento e avaliação da Política Nacional de Mobilidade Urbana;
- Segurança nos deslocamentos das pessoas;
- Justa distribuição dos benefícios e ônus decorrentes do uso dos diferentes modos e serviços;
- Equidade no uso do espaço público de circulação, vias e logradouros; e
- Eficiência, eficácia e efetividade na circulação urbana.

DIRETRIZES

- Integração com a política de desenvolvimento urbano e respectivas políticas setoriais de habitação, saneamento básico, planejamento e gestão do uso do solo no âmbito dos entes federativos;
- Prioridade dos modos de transportes não motorizados sobre os motorizados e dos serviços de transporte público coletivo sobre o transporte individual motorizado;
- Integração entre os modos e serviços de transporte urbano;
- Mitigação dos custos ambientais, sociais e econômicos dos deslocamentos de pessoas e cargas na cidade;
- Incentivo ao desenvolvimento científico-tecnológico e ao uso de energias renováveis e menos poluentes;
- Priorização de projetos de transporte público coletivo estruturadores do território e indutores do desenvolvimento urbano integrado;
- Integração entre as cidades gêmeas localizadas na faixa de fronteira com outros países sobre a linha divisória internacional; e
- Garantia de sustentabilidade econômica das redes de transporte público coletivo de passageiros, de modo a preservar a continuidade, a universalidade e a modicidade tarifária do serviço.

ATENÇÃO

*A diretriz inserida no **inciso VIII do art. 6º, da Lei nº. 12.587/2012** (garantia de sustentabilidade econômica das redes de transporte público coletivo de passageiros, de modo a preservar a continuidade, a universalidade e modicidade tarifária do serviço), foi recentemente incluída pela **Lei nº. 13.683/2018**.*

OBJETIVOS

- Reduzir as desigualdades e promover a inclusão social;
- Promover o acesso aos serviços básicos e equipamentos sociais;
- Proporcionar melhoria nas condições urbanas da população no que se refere à acessibilidade e à mobilidade;
- Promover o desenvolvimento sustentável com a mitigação dos custos ambientais e socioeconômicos dos deslocamentos de pessoas e cargas nas cidades; e
- Consolidar a gestão democrática como instrumento e garantia da construção contínua do aprimoramento da mobilidade urbana.

3. DIRETRIZES PARA REGULAÇÃO DOS SERVIÇOS DE TRANSPORTE PÚBLICO COLETIVO

No seu **Capítulo II** a **Lei nº. 12.587/2012** trata especificamente das diretrizes para regulação dos **serviços de transporte público coletivo.** No que se refere à **política tarifária** do serviço de transporte público coletivo devem ser observadas as seguintes **diretrizes,** descritas na norma:

DIRETRIZES DA POLÍTICA TARIFÁRIA DO SERVIÇO DE TRANSPORTE PÚBLICO COLETIVO (art. 8º da Lei nº 12.587/12)
I - promoção da equidade no acesso aos serviços;
II - melhoria da eficiência e da eficácia na prestação dos serviços;
III - ser instrumento da política de ocupação equilibrada da cidade de acordo com o plano diretor municipal, regional e metropolitano;
IV - contribuição dos beneficiários diretos e indiretos para custeio da operação dos serviços;
V - simplicidade na compreensão, transparência da estrutura tarifária para o usuário e publicidade do processo de revisão;
VI - modicidade da tarifa para o usuário;
VII - integração física, tarifária e operacional dos diferentes modos e das redes de transporte público e privado nas cidades;
VIII - articulação interinstitucional dos órgãos gestores dos entes federativos por meio de consórcios públicos;
IX - estabelecimento e publicidade de parâmetros de qualidade e quantidade na prestação dos serviços de transporte público coletivo; e
X - incentivo à utilização de créditos eletrônicos tarifários.

ATENÇÃO

*Anote-se que as diretrizes inseridas nos **incisos VIII, IX e X, do art. 8º da Lei nº. 12.587/2012** foram recentemente incluídas pela **Lei nº. 13.683/2018.***

O preço público cobrado do usuário pelo uso do transporte público coletivo denomina-se **tarifa pública**, sendo instituída por **ato específico do poder público outorgante** (art. 9º, §2º, da Lei nº. 12.587/2012).

É **dever do Município** promover a divulgação, de forma sistemática e periódica, dos impactos dos benefícios tarifários concedidos no valor das tarifas dos serviços de transporte público coletivo (art. 8º, §2º, da Lei nº. 12.587/2012).

Nos termos do **art. 9º da Lei nº. 12.587/2012**, o regime econômico e financeiro da **concessão** e o da **permissão do serviço de transporte público coletivo** serão estabelecidos no respectivo **edital de licitação**, sendo a **tarifa de remuneração da prestação de serviço de transporte público coletivo** resultante do **processo licitatório da outorga do poder público.**

A norma prevê como é constituída a referida **tarifa de remuneração da prestação do serviço de transporte público coletivo,** de forma a cobrir os reais custos do serviço prestado ao usuário por operador público ou privado, além da remuneração do prestador (art. 9º, §1º, da Lei nº. 12.587/2012):

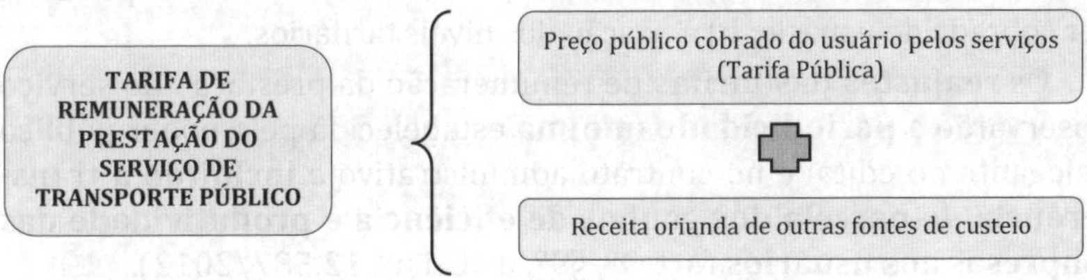

Nos parágrafos 3º e 4º do art. 9º, da Lei nº. 12.587/2012, constam os conceitos dos denominados ***déficit* ou subsídio tarifário** e ***superávit* tarifário**, sendo aquele a existência de diferença a menor entre o valor monetário da tarifa de remuneração da prestação do serviço de transporte público de passageiros e a tarifa pública cobrada do usuário, enquanto que este, a existência de diferença a maior.

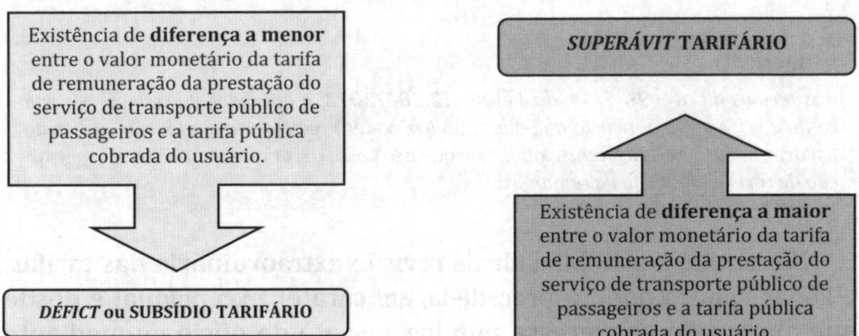

Caso o poder público opte pela adoção de subsídio tarifário, o *déficit* originado **deverá** ser coberto por **receitas extratarifárias, receitas alternativas, subsídios orçamentários, subsídios cruzados intrassetoriais** e **intersetoriais** provenientes de outras categorias de beneficiários dos serviços de transporte, dentre outras fontes, instituídos pelo poder público delegante (art. 9º, §5º, da Lei nº. 12.587/2012).

No entanto, no caso de ocorrência de *superávit* tarifário proveniente de receita adicional originada em determinados serviços delegados, a **receita deverá ser revertida para o próprio Sistema de Mobilidade Urbana** (art. 9º, §6º, da Lei nº. 12.587/2012).

Nos termos dos parágrafos 7º e 8º do art. 9 da Lei nº. 12.587/2012, **competem ao poder público delegante:** a) a fixação, o reajuste e a revisão da tarifa de remuneração da prestação do serviço e da tarifa pública a ser cobrada do usuário; b) a fixação dos níveis tarifários.

Os **reajustes das tarifas** de remuneração da prestação do serviço observarão a **periodicidade mínima** estabelecida pelo poder público delegante no edital e no contrato administrativo e **incluirão a transferência de parcela dos ganhos de eficiência e produtividade das empresas aos usuários** (art. 9º, §9º, da Lei nº. 12.587/2012).

As **revisões ordinárias das tarifas** de remuneração terão **periodicidade mínima estabelecida pelo poder público delegante** no edital e no contrato administrativo e deverão (art. 9º, §10º, da Lei nº. 12.587/2012): a) incorporar parcela das receitas alternativas em favor da modicidade da tarifa ao usuário; b) incorporar índice de transferência de parcela dos ganhos de eficiência e produtividade das empresas aos usuários; e c) aferir o equilíbrio econômico e financeiro da concessão e o da permissão, conforme parâmetro ou indicador definido em contrato.

ATENÇÃO

Nos termos do ***art. 9º, §11º, da Lei nº. 12.587/2012****, o operador do serviço, por sua conta e risco e sob anuência do poder público, poderá realizar descontos nas tarifas ao usuário, inclusive de caráter sazonal, sem que isso possa gerar qualquer direito à solicitação de revisão da tarifa de remuneração.*

No tocante à possibilidade de **revisão extraordinária das tarifas**, o Poder Público **poderá** procedê-la, em **caráter excepcional e desde que observado o interesse público**, por **ato de ofício** ou **mediante provocação da empresa**, caso em que esta deverá demonstrar sua cabal necessidade, instruindo o requerimento com todos os elementos indispensáveis e suficientes para subsidiar a decisão, dando publicidade ao ato (art. 9º, §12º, da Lei nº. 12.587/2012).

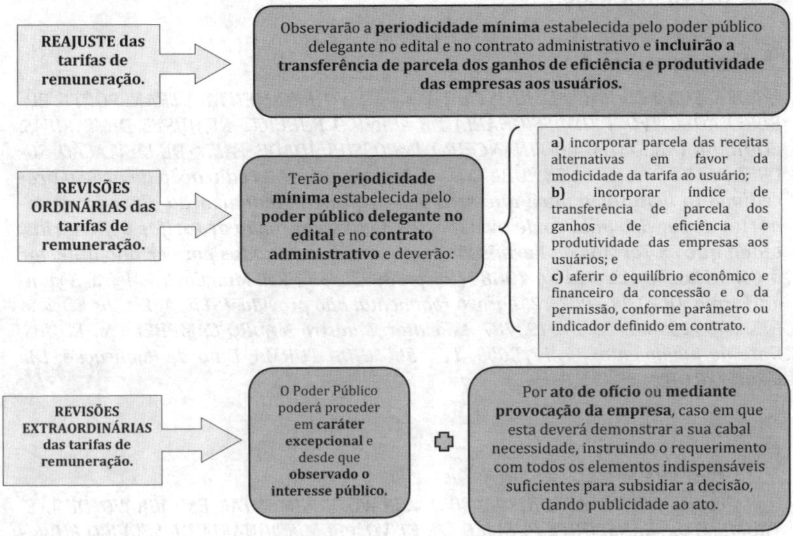

Conforme acima referido, a **contratação dos serviços de transporte público coletivo será precedida de licitação** e deverá observar as **diretrizes** descritas nos incisos do **art. 10 da Lei nº 12.587/2012:** "I - fixação de metas de qualidade e desempenho a serem atingidas e seus instrumentos de controle e avaliação; II - definição dos incentivos e das penalidades aplicáveis vinculadas à consecução ou não das metas; III - alocação dos riscos econômicos e financeiros entre os contratados e o poder concedente; IV - estabelecimento das condições e meios para a prestação de informações operacionais, contábeis e financeiras ao poder concedente; e V - identificação de eventuais fontes de receitas alternativas, complementares, acessórias ou de projetos associados, bem como da parcela destinada à modicidade tarifária".

ATENÇÃO

*A norma define, no seu **parágrafo único do art. 10**, que qualquer **subsídio tarifário** ao custeio da operação do transporte público coletivo **deverá ser definido em contrato**, com base em **critérios transparentes e objetivos de produtividade e eficiência**, especificando, minimamente, o objetivo, a fonte, a periodicidade e o beneficiário.*

O **Superior Tribunal de Justiça** possui jurisprudência no sentido de que não é devida indenização aos permissionários de serviço público de transporte coletivo, em razão de tarifas deficitárias, no caso de inexistência de prévia licitação.

POSIÇÃO DO STJ

"PROCESSUAL CIVIL E ADMINISTRATIVO. AGRAVO REGIMENTAL. TRANSPORTE PÚBLICO COLETIVO. PERMISSIONÁRIA DE SERVIÇO PÚBLICO. REAJUSTE DE TARIFAS. EQUILÍBRIO ECONÔMICO-FINANCEIRO. IMPOSSIBILIDADE. FALTA DE LICITAÇÃO. SUPREMACIA DO INTERESSE PÚBLICO. 1. ***É indispensável a realização de prévio procedimento licitatório para que se possa cogitar de indenização aos permissionários de serviço público de transporte coletivo em razão de tarifas deficitárias, ainda que os Termos de Permissão tenham sido assinados em período anterior à Constituição Federal de 1988"*** *(REsp 886925/MG, Rel. Min. Castro Meira, Segunda Turma, DJ 21.11.2007). 2. Agravo regimental não provido. (STJ - AgRg nos EDcl no REsp: 799250 MG 2005/0193787-2, Relator: Ministro MAURO CAMPBELL MARQUES, Data de Julgamento: 17/12/2009, T2 - SEGUNDA TURMA, Data de Publicação: DJe 04/02/2010).*

POSIÇÃO DO STJ

"PROCESSUAL CIVIL. ADMINISTRATIVO. AGRAVO REGIMENTAL EM AGRAVO DE INSTRUMENTO. TRANSPORTE PÚBLICO COLETIVO. PERMISSIONÁRIA DE SERVIÇO PÚBLICO. REAJUSTE DE TARIFAS. EQUILÍBRIO ECONÔMICO-FINANCEIRO. IMPOSSIBILIDADE. FALTA DE LICITAÇÃO. SUPREMACIA DO INTERESSE PÚBLICO. NATUREZA DO CONTRATO. INCIDÊNCIA DAS SÚMULAS 5/STJ E 7/STJ. 1. ***É entendimento deste Tribunal que não é devida indenização a permissionários de serviço público de transporte coletivo por prejuízos suportados em virtude da ocorrência de tarifas deficitárias, haja vista a inexistência de prévia licitação e o atendimento ao princípio da supremacia do interesse público.*** *Precedentes: REsp 406712/MG, Rel. Min. João Otávio de Noronha, DJ 18.08.2006; AgRg no REsp 739.987/MG, Rel. Min. Francisco Falcão, DJ 19/12/2005; REsp 821008/MG, Rel. Min. José Delgado, DJ 02.10.2006. [...] 3. Agravo Regimental não provido" (STJ - AgRg no Ag: 800898 MG 2006/0117424-9, Relator: Ministro HERMAN BENJAMIN, Data de Julgamento: 13/03/2007, T2 - SEGUNDA TURMA, Data de Publicação: DJ 02.06.2008 p. 1).*

ATENÇÃO

Nos termos do ***art. 13 da Lei nº. 12.587/2012****, na prestação de serviços de transporte público coletivo, o* ***poder público delegante deverá realizar atividades de fiscalização e controle dos serviços delegados, preferencialmente em parceria com os demais entes federativos****.*

4. DIRETRIZES PARA REGULAÇÃO DOS SERVIÇOS DE TRANSPORTE PRIVADO COLETIVO E INDIVIDUAL DE PASSAGEIROS E DE UTILIDADE PÚBLICA

Com assento no **art. 11 da Lei nº. 12.587/2012**, os **serviços de transporte privado coletivo**, prestados entre pessoas físicas ou jurídicas, deverão ser **autorizados**, **disciplinados** e **fiscalizados pelo poder público competente**, com base nos princípios e diretrizes na Lei.

Por sua vez, o regramento referente ao **serviço de transporte remunerado privado individual de passageiros**, previsto no **inciso X do art. 4º da Lei nº. 12.587/2012,** foi recentemente incluído pela **Lei nº. 13.640/2018**, que dispõe que **compete exclusivamente aos Municípios e ao Distrito Federal regulamentá-los e fiscalizá-los** (art. 11-A da Lei nº. 12.587/2012).

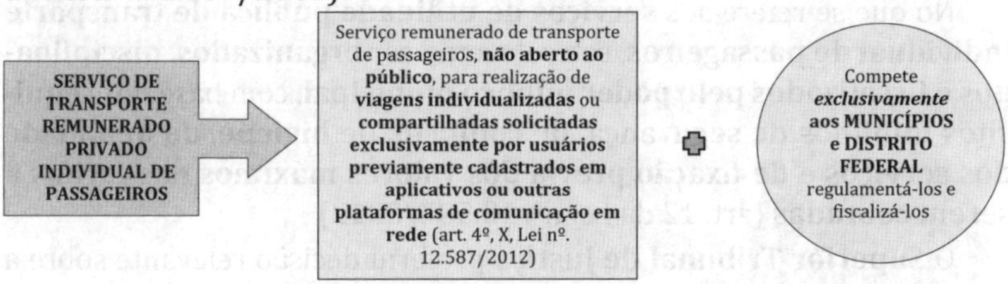

Conforme preconiza o **parágrafo único do art. 11-A, da Lei nº. 12.587/2012,** na **regulamentação** e **fiscalização do serviço de transporte privado individual de passageiros**, os Municípios e o Distrito Federal deverão observar a **eficiência**, a **eficácia**, a **segurança** e a **efetividade** na prestação do serviço, bem como as seguintes **diretrizes**: "I - **efetiva cobrança dos tributos municipais** devidos pela prestação do serviço; II - **exigência** de **contratação de seguro de Acidentes Pessoais a Passageiros** (APP) e do **Seguro Obrigatório de Danos Pessoais causados por Veículos Automotores de Vias Terrestres** (DPVAT); III - exigência de **inscrição do motorista como contribuinte individual do Instituto Nacional do Seguro Social** (INSS), nos termos da alínea h do inciso V do art. 11 da Lei nº 8.213, de 24 de julho de 1991".

O **art. 11-B da norma**, também inserido por meio da **Lei nº. 13.640/2018**, prevê, nos Municípios que optarem pela regulamentação, que **apenas será autorizado o serviço de transporte remunerado privado individual de passageiro são motorista que cumprir as condições impostas no dispositivo**, são elas:

CONDIÇÕES IMPOSTAS AO MOTORISTA PARA AUTORIZAÇÃO DO SERVIÇO DE TRANSPORTE REMUNERADO PRIVADO INDIVIDUAL DE PASSAGEIROS

I - possuir Carteira Nacional de Habilitação na categoria B ou superior que contenha a informação de que exerce atividade remunerada;
II - conduzir veículo que atenda aos requisitos de idade máxima e às características exigidas pela autoridade de trânsito e pelo poder público municipal e do Distrito Federal;
III - emitir e manter o Certificado de Registro e Licenciamento de Veículo (CRLV);
IV - apresentar certidão negativa de antecedentes criminais.

ATENÇÃO

*Será caracterizado o **transporte ILEGAL de passageiros**: A exploração dos serviços remunerados de transporte privado individual de passageiros sem o cumprimento dos requisitos previstos na Lei nº. 12.587/2012 e na regulamentação do poder público municipal e do Distrito Federal (art. 11-B, parágrafo único, Lei nº. 12.587/2012).*

No que se refere aos **serviços de utilidade pública de transporte individual de passageiros**, estes deverão ser **organizados, disciplinados e fiscalizados pelo poder público municipal**, com base nos **requisitos mínimos de segurança, de conforto, de higiene, de qualidade dos serviços** e **de fixação prévia dos valores máximos das tarifas a serem cobradas** (art. 12 da Lei nº. 12.587/2012).

O **Superior Tribunal de Justiça** proferiu decisão relevante sobre a matéria, na qual definiu que **a atividade concernente aos serviços de táxi se traduz em serviço de utilidade pública prestada por particular** e, por isso, **não se submete a exigência de prévia licitação.**

POSIÇÃO DO STJ

*"ADMINISTRATIVO. RECURSO ESPECIAL. SERVIÇO DE TÁXI. TRANSPORTE PÚBLICO INDIVIDUAL E NÃO COLETIVO. SERVIÇO DE UTILIDADE PÚBLICA PRESTADO POR PARTICULAR. EXEGESE DO ART. 12 DA LEI N. 12.587/12, QUE INSTITUIU A POLÍTICA NACIONAL DE MOBILIDADE URBANA. ATIVIDADE QUE NÃO SE ENQUADRA NO CONCEITO DE SERVIÇO PÚBLICO. DESNECESSIDADE DE PRÉVIO PROCEDIMENTO LICITATÓRIO PARA QUE A ADMINISTRAÇÃO MUNICIPAL AUTORIZE O PARTICULAR A PROMOVER SUA EXPLORAÇÃO. PRECEDENTE DO STF. 1. A atividade concernente aos serviços de táxi, nos termos do art. 12 da Lei nº 12.587/12, que instituiu a Política Nacional de Mobilidade Urbana, traduz-se em serviço de utilidade pública prestado por particular. 2. **Não se tratando, portanto, de serviço público de titularidade confiada diretamente ao Estado, sua exploração pelo particular, mediante autorização municipal e nos termos da respectiva legislação doméstica, não se submete à exigência de prévio procedimento licitatório**, diversamente do postulado pelo autor da presente ação civil pública. Nesse sentido, o seguinte precedente do STF: RE 1.002.310 AgR, Rel. Ministro Gilmar Mendes, 2ª Turma, DJe 03/08/2017. 3. Recurso especial a que se dá provimento, com a consequente improcedência da ação coletiva" (STJ - REsp: 1494288 ES 2014/0234747-2, Relator: Ministro SÉRGIO KUKINA, Data de Julgamento: 04/09/2018, T1 - PRIMEIRA TURMA, Data de Publicação: DJe 10/09/2018).*

Desta forma, nos termos da decisão proferida pela **Corte de Justiça**, a exploração do serviço de táxi pelo particular, por não se consubstanciar em serviço público de titularidade confiada ao Estado, **não se submete a exigência de prévio procedimento licitatório**. Neste mesmo sentido, já decidiu a **2ª turma do Supremo Tribunal Federal**, em julgamento de relatoria do Ministro Gilmar Mendes, assentado em precedente do Plenário da Corte.

POSIÇÃO DO STF

"Agravo regimental no recurso extraordinário. 2. Ação direta de inconstitucionalidade perante o Tribunal de Justiça estadual. 3. Serviço de transporte individual de passageiro. Táxis. Prorrogação das atuais autorizações ou permissões que estiverem com o prazo vencido, ou em vigor por prazo indeterminado, por 15 anos, admitida prorrogação por igual período. 4. Serviço de utilidade pública prestado por particular. Não caracterização como serviço público. 5. Inaplicabilidade do art. 175 ou do art. 37, XXI, da Constituição Federal. Inexigibilidade de licitação. 6. ***Necessidade de mera autorização do Poder Público para a prestação do serviço pelo particular. Competência do Município para estabelecer os requisitos autorizadores da exploração da atividade econômica.*** *7. Precedente do Plenário desta Corte: RE 359.444. Inteligência do art. 12-A da Lei 12.587/2012, com a redação dada pela Lei 12.865/2013. 8. Agravo regimental a que se nega provimento" (RE 1.002.310 AgR, Relator (a): Min. GILMAR MENDES, Segunda Turma, julgado em 30/06/2017, PROCESSO ELETRÔNICO DJe-170 DIVULG 02-08-2017 PUBLIC 03-08-2017).*

Assim, nesse caso, por se tratar de **serviço de utilidade pública prestado por particular**, faz-se necessária apenas **autorização do Poder Público** para a sua prestação, sendo **competente o Município para estabelecer os requisitos autorizadores da exploração da atividade econômica.**

O **art. 12-A da Lei nº. 12.587/2012**, inserido pela **Lei nº. 12.865/2013**, dispõe acerca da **outorga do direito à exploração de serviços de táxi**. Sobre esse direito, vale observar as importantes características apresentadas pela norma:

DIREITO À EXPLORAÇÃO DE SERVIÇOS DE TÁXI
1º Poderá outorgado **a qualquer interessado que satisfaça os requisitos exigidos pelo poder público local** (art. 12-A, caput, Lei nº. 12.587/2012);
2º É permitida a transferência da **outorga a terceiros que atendam aos requisitos exigidos em legislação municipal** (art. 12-A, §1º, Lei nº. 12.587/2012);
3º Em caso de falecimento do outorgado, **o direito à exploração do serviço será transferido a seus sucessores legítimos** (art. 12-A, §2º, Lei nº. 12.587/2012);
4º As transferências da outorga a terceiros ou aos sucessores dar-se-ão **pelo prazo da outorga** e **são condicionadas à prévia anuência do poder público municipal** e ao **atendimento dos requisitos fixados para a outorga** (art. 12-A, §3º, Lei nº. 12.587/2012);
5º Na outorga de exploração de serviço de táxi, **reservar-se-ão 10% (dez por cento) das vagas para condutores com deficiência** (art. 12-B, caput, Lei nº. 12.587/2012).

Para **concorrer às vagas reservadas para condutores com deficiência** na outorga de exploração de serviço de táxi, o condutor com deficiência deverá observar os seguintes **requisitos quanto ao veículo utilizado** (art. 12-B da Lei nº. 12.587/2012): a) ser de sua propriedade e por ele conduzido; e b) estar adaptado às suas necessidades, nos termos da legislação vigente. No caso de não preenchimento das vagas reservadas aos condutores com deficiência, **as remanescentes devem ser disponibilizadas para os demais concorrentes.**

5. DIREITO DOS USUÁRIOS DO SISTEMA NACIONAL DE MOBILIDADE URBANA

O **art. 14 da Lei nº. 12.587/2012** apresenta os **direitos dos usuários** do Sistema Nacional de Mobilidade Urbana, **sem prejuízo dos direitos já previstos no Código Defesa do Consumidor** (Lei nº. 8.078/1990) e **na Lei de Concessão e Permissão da Prestação dos Serviços Públicos** (Lei nº. 8.987/1995). São eles:

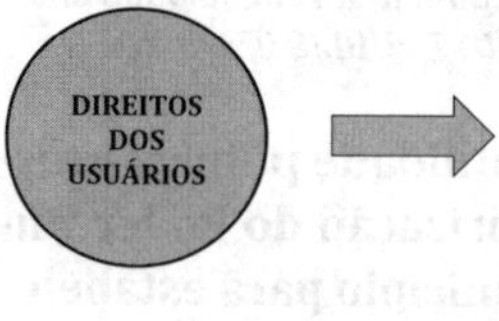

I - **receber o serviço adequado**, nos termos do art. 6º da Lei no 8.987, de 13 de fevereiro de 1995;
II - **participar do planejamento, da fiscalização e da avaliação** da política local de mobilidade urbana;
III - **ser informado** nos pontos de embarque e desembarque de passageiros, de forma gratuita e acessível, sobre itinerários, horários, tarifas dos serviços e modos de interação com outros modais; e
IV - **ter ambiente seguro e acessível para a utilização do Sistema Nacional de Mobilidade Urbana**, conforme as Leis nº. 10.048, de 8 de novembro de 2000, e 10.098, de 19 de dezembro de 2000.

No que se refere ao **direito à informação**, o **parágrafo único** do aludido dispositivo prevê que os usuários dos serviços terão direito de ser informados, em **linguagem acessível** e de **fácil compreensão**, sobre: a) seus direitos e responsabilidades; b) os direitos e obrigações dos operadores dos serviços; e c) os padrões preestabelecidos de qualidade e quantidade dos serviços ofertados, bem como os meios para reclamações e respectivos prazos de resposta.

Por sua vez, a **participação da sociedade civil no planejamento, fiscalização e avaliação** da Política Nacional de Mobilidade Urbana deve ser assegurada pelos seguintes instrumentos (art. 15, da Lei nº. 12.587/2012):

ÓRGÃOS COLEGIADOS com participação de representantes do Poder Executivo, da sociedade civil e dos operadores dos serviços (**inciso I**).

OUVIDORIAS nas instituições responsáveis pela gestão do sistema Nacional de Mobilidade Urbana ou nos órgãos com atribuições análogas (**inciso II**).

AUDIÊNCIAS e **CONSULTAS PÚBLICAS** (**inciso III**).

PROCEDIMENTO SISTEMÁTICO de comunicação, de avaliação da satisfação dos cidadãos e dos usuários e de prestação de contas públicas (**inciso IV**).

6. ATRIBUIÇÕES DOS ENTES POLÍTICOS

A Lei de Mobilidade Urbana (Lei nº. 12.587/2012) define as **atribuições da União, Estados, Distrito Federal e Municípios**, para atuação no Sistema de Mobilidade Urbana, subordinando-se, o exercício de tais atribuições, em cada ente federativo, às normas fixadas pelas respectivas leis de diretrizes orçamentárias, às efetivas disponibilidades asseguradas pelas suas leis orçamentárias anuais e aos imperativos da Lei de Responsabilidade Fiscal (art. 20, Lei nº. 12.587/2012).

São atribuições da **UNIÃO**

(art. 16 da Lei nº. 12.587/2012)

I - **prestar assistência técnica** e **financeira** aos Estados, Distrito Federal e Municípios, nos termos desta Lei;

II - **contribuir para a capacitação continuada** de pessoas e para o **desenvolvimento das instituições** vinculadas à Política Nacional de Mobilidade Urbana nos Estados, Municípios e Distrito Federal, nos termos desta Lei;

III - **organizar e disponibilizar informações** sobre o Sistema Nacional de Mobilidade Urbana e a qualidade e produtividade dos serviços de transporte público coletivo;

IV - **fomentar a implantação de projetos** de transporte público coletivo de grande e média capacidade nas aglomerações urbanas e nas regiões metropolitanas;

VI - **fomentar o desenvolvimento tecnológico e científico** visando ao atendimento dos princípios e diretrizes

Nos termos do **art. 16, §1º, da Lei nº. 12.587/2012**, a União **poderá delegar** aos Estados, ao Distrito Federal ou aos Municípios **a organização e a prestação dos serviços de transporte público coletivo interestadual e internacional de caráter urbano**, desde que constituído **consórcio público ou convênio de cooperação para tal fim**, observado o art. 178 da Constituição Federal.

A **UNIÃO** poderá **DELEGAR**, aos Estados, ao Distrito Federal ou aos Municípios. → A organização e a prestação dos serviços de transporte público coletivo **interestadual e internacional de caráter urbano.** → Desde que: → Constituído **consórcio público** ou **convênio de cooperação**

ATENÇÃO

A União ***apoiará*** *e* ***estimulará ações coordenadas e integradas entre Municípios e Estados*** *em áreas* ***conurbadas, aglomerações urbanas*** *e* ***regiões metropolitanas*** *destinadas a* ***políticas comuns*** *de mobilidade urbana, inclusive nas cidades definidas como cidades gêmeas localizadas em regiões de fronteira com outros países, observado o art. 178 da CF/88 (art. 16, §1º, Lei nº. 12.587/2012).*

São atribuições dos **ESTADOS** e, no que couber, ao **DISTRITO FEDERAL**

(arts. 17 e 19 da Lei nº. 12.587/2012)

I - prestar, diretamente ou por delegação ou gestão associada, **os serviços de transporte público coletivo intermunicipais de caráter urbano**, em conformidade com o § 1º do art. 25 da Constituição Federal;

II - **propor política tributária específica** e **de incentivos** para a implantação da Política Nacional de Mobilidade Urbana; e

III - **garantir o apoio** e **promover a integração dos serviços** nas áreas que ultrapassem os limites de um Município, em conformidade com o § 3º do art. 25 da Constituição Federal.

Nos termos do **art. 17, parágrafo único, da Lei nº. 12.587/2012**, os Estados **poderão delegar** aos Municípios a **organização e a prestação dos serviços de transporte público coletivo intermunicipal de caráter urbano,** desde que constituído **consórcio público ou convênio de cooperação para tal fim.**

Os **ESTADOS** poderão **DELEGAR**, aos Municípios. → A organização e a prestação dos serviços de transporte público coletivo **intermunicipal de caráter urbano.** → Desde que: → Constituído **consórcio público** ou **convênio de cooperação**

São atribuições dos **MUNICÍPIOS** e, no que couber, ao **DISTRITO FEDERAL**

(arts. 18 e 19 da Lei nº. 12.587/2012)

I - planejar, executar e avaliar a **política de mobilidade urbana**, bem como promover **a regulamentação dos serviços de transporte urbano**;

II - prestar, direta, indiretamente ou por gestão associada, os serviços de **transporte público coletivo urbano**, que têm caráter essencial;

III - capacitar pessoas e desenvolver as instituições vinculadas à política de mobilidade urbana do Município.

Por fim, o **art. 25 da Lei nº. 12.587/2012** estabelece que o **Poder Executivo da União**, o dos **Estados**, o do **Distrito Federal** e o dos **Municípios**, segundo suas **possibilidades orçamentárias e financeiras e observados os princípios e diretrizes** da Lei, farão constar dos respectivos projetos de planos plurianuais e de leis de diretrizes orçamentárias **as ações programáticas e instrumentos de apoio que serão utilizados, em cada período, para o aprimoramento dos sistemas de mobilidade urbana e melhoria da qualidade dos serviços**.

Ademais, a indicação das referidas ações e dos instrumentos de apoio **será acompanhada, sempre que possível, da fixação de critérios e condições para o acesso aos recursos financeiros e às outras formas de benefícios que sejam estabelecidos** (art. 25, parágrafo único, da Lei nº. 12.587/2012).

7. DIRETRIZES PARA O PLANEJAMENTO E GESTÃO DOS SISTEMAS DE MOBILIDADE URBANA

O **planejamento**, a **gestão** e a **avaliação** dos sistemas de mobilidade urbana contemplar os pontos listados nos **incisos** do **art. 21 da Lei nº. 12.587/2012**: "I - a identificação clara e transparente dos objetivos de curto, médio e longo prazo; II - a identificação dos meios financeiros e institucionais que assegurem sua implantação e execução; III - a formulação e implantação dos mecanismos de monitoramento e avaliação sistemáticos e permanentes dos objetivos estabelecidos; e IV - a definição das metas de atendimento e universalização da oferta de transporte público coletivo, monitorados por indicadores preestabelecidos".

A norma também apresenta, no **art. 22 da Lei nº. 12.587/2012**, as **atribuições mínimas** dos órgãos gestores dos entes federativos que são responsáveis pelo **planejamento** e **gestão** do sistema de mobilidade urbana.

ATRIBUIÇÕES MÍNIMAS DOS ÓRGÃOS GESTORES NO PLANEJAMENTO E GESTÃO DO SISTEMA DE MOBILIDADE URBANA
I - planejar e coordenar os diferentes modos e serviços, observados os princípios e diretrizes desta Lei; II - avaliar e fiscalizar os serviços e monitorar desempenhos, garantindo a consecução das metas de universalização e de qualidade; III - implantar a política tarifária; IV - dispor sobre itinerários, frequências e padrão de qualidade dos serviços; V - estimular a eficácia e a eficiência dos serviços de transporte público coletivo; VI - garantir os direitos e observar as responsabilidades dos usuários; e VII - combater o transporte ilegal de passageiros.

Os **instrumentos de gestão do sistema de transporte e mobilidade urbana** estão listados, em rol exemplificativo, no **art. 23 da norma**, e poderão ser utilizados pelos entes federativos.

INSTRUMENTOS de gestão do Sistema de transporte e mobilidade urbana.

I - **restrição e controle de acesso e circulação**, permanente ou temporário, de veículos motorizados em locais e horários predeterminados;

II - estipulação de **padrões de emissão de poluentes** para locais e horários determinados, podendo condicionar o acesso e a circulação aos espaços urbanos sob controle;

III - aplicação de **tributos sobre modos e serviços de transporte urbano** pela utilização da infraestrutura urbana, visando a desestimular o uso de determinados modos e serviços de mobilidade, vinculando-se a receita à aplicação exclusiva em infraestrutura urbana destinada ao transporte público coletivo e ao transporte não motorizado e no financiamento do subsídio público da tarifa de transporte público, na forma da lei;

IV - dedicação de **espaço exclusivo nas vias públicas para os serviços de transporte público coletivo** e modos de transporte não motorizados;

V - estabelecimento **da política de estacionamentos de uso público e privado**, com e sem pagamento pela sua utilização, como parte integrante da Política Nacional de Mobilidade Urbana;

VI - controle do uso e operação da **infraestrutura viária destinada à circulação e operação do transporte de carga**, concedendo prioridades ou restrições;

VII - monitoramento e **controle das emissões dos gases** de efeito local e de efeito estufa dos modos de transporte motorizado, facultando a restrição de acesso a determinadas vias em razão da criticidade dos índices de emissões de poluição;

VIII - **convênios para o combate ao transporte ilega**l de passageiros; e

IX - **convênio para o transporte coletivo urbano internacional** nas cidades definidas como cidades gêmeas nas regiões de fronteira do Brasil com outros países, observado o art. 178 da Constituição Federal.

O **Plano de Mobilidade Urbana** é o **instrumento de efetivação** da Política Nacional de Mobilidade Urbana e deve contemplar os **princípios**, os **objetivos** e as **diretrizes** da Lei nº. 12.587/2012, bem com as informações previstas nos **incisos do art. 24 da norma**: "I - os serviços de transporte público coletivo; II - a circulação viária; III - as infraestruturas do sistema de mobilidade urbana, incluindo as ciclovias e ciclofaixas; IV - a acessibilidade para pessoas com deficiência e restrição de mobilidade; V - a integração dos modos de transporte público e destes com os privados e os não motorizados; VI - a operação e o disciplinamento do transporte de carga na infraestrutura viária; VII - os polos geradores de viagens; VIII - as áreas de estacionamentos públicos e privados, gratuitos ou onerosos; IX - as áreas e horários de acesso e circulação restrita ou controlada; X - os mecanismos e instrumentos de financiamento do transporte público coletivo e da infraestrutura de mobilidade urbana; e XI - a sistemática de avaliação, revisão e atualização periódica do Plano de Mobilidade Urbana em prazo não superior a 10 (dez) anos".

> **ATENÇÃO**
>
> *A **Lei nº. 13.683/2018** alterou a redação do **inciso III do art. 24 da Lei nº. 12.587/2012** para inserir entre aquilo que deve ser observado no Plano de Mobilidade Urbana as ciclovias e cliclofaixas.*

Os **Municípios acima de 20.000 (vinte mil) habitantes e todos aqueles obrigados à elaboração do Plano Diretor** deverão elaborar o Plano de Mobilidade Urbana integrado e compatível com os respectivos planos diretores ou neles inseridos, nos termos do **art. 24, §1º, da Lei nº. 12.587/2012.**

O **art. 41 do Estatuto da cidade** (Lei nº. 10.257/2001) lista os Municípios que estão obrigados a editarem o Plano Diretor, que é o instrumento básico da política de desenvolvimento e expansão urbana (art. 40 da Lei nº. 10.257/2001), e que, por expressa determinação legal, também estão obrigados à elaboração do Plano de Mobilidade Urbana.

Deverão elaborar o **PLANO DE MOBILIDADE URBANA** os mesmo Municípios obrigados à edição do **PLANO DIRETOR**.

↓

O plano diretor é obrigatório para cidades (art. 41, Lei nº. 10.257/2010):

I – com mais de vinte mil habitantes;

II – integrantes de regiões metropolitanas e aglomerações urbanas;

III – onde o Poder Público municipal pretenda utilizar os instrumentos previstos no § 4o do art. 182 da Constituição Federal;

IV – integrantes de áreas de especial interesse turístico;

V – inseridas na área de influência de empreendimentos ou atividades com significativo impacto ambiental de âmbito regional ou nacional.

ATENÇÃO

Segundo o teor do ***art. 24, §1º, da Lei nº. 12.587/2012*** *o Plano de Mobilidade Urbana deverá estar* ***integrado*** *e* ***compatível*** *com os Planos Diretores, sendo possível, inclusive,* ***que sejam inseridos nestes****. Portanto, é legalmente possível que as disposições referentes à Mobilidade Urbana façam parte do Plano Diretor do Município.*

Dispõe o **art. 24, §2º, da Lei nº. 12.257/2012** que aos Municípios sem sistema de transporte público coletivo ou individual, o Plano de Mobilidade Urbana deverá ter o **foco no transporte não motorizado e no planejamento da infraestrutura urbana destinada aos deslocamentos a pé e por bicicleta**, de acordo com a legislação vigente.

Outras importantes previsões foram inseridas nos **parágrafos 3º e 4º do art. 24 da Lei nº. 12.587/2012**, que comportam regras referentes ao **prazo máximo destinado à compatibilização do Plano de Mobilidade Urbana ao plano diretor municipal**, existente ou em elaboração, como também, ao **prazo limite para a sua edição pelos Municípios**, sob pena de não receberem repasses de recursos orçamentários federais destinados à mobilidade urbana até o atendimento da referida exigência.

Em sua redação original, o **§3º do artigo 24 da Lei nº. 12.587/2012** previa o prazo máximo de 03 (três) anos da vigência da lei para a integração do Plano de Mobilidade Urbana ao plano diretor. Após sucessivas alterações, a **Lei nº. 13.046/2016** deu nova redação ao dispositivo para **ampliar o prazo máximo destinado à aludida compatibilização para 06 (seis) anos da entrada em vigor da Lei nº. 12.587/2012.**

O **§4º do artigo 24 da Lei nº. 12.587/2012**, em sua redação original, também contemplava o prazo máximo de 03 (três) anos da vigência da norma para elaboração do Plano de Mobilidade Urbana pelos Municípios que não tenham editado na data de promulgação da Lei. No entanto, após várias alterações, a **Lei nº. 13.683/2018** ampliou o **prazo máximo para a elaboração do Plano de Mobilidade para 07 (sete) anos da entrada em vigor da Lei nº. 12.587/2012,**

findo o qual ficarão impedidos de receber recursos orçamentários federais destinados à mobilidade urbana até que atendam à exigência.

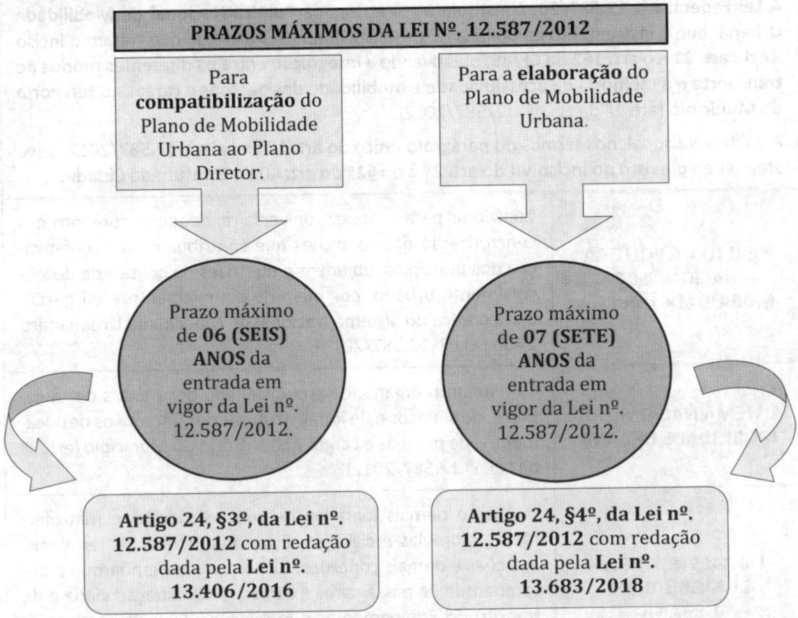

ATENÇÃO

A ***Lei nº. 13.683/2018*** *incluiu o* ***§5º do art. 24 da Lei nº. 12.587/2012****, com a previsão de que o Plano de Mobilidade Urbana* ***deverá contemplar medidas destinadas*** *a atender aos* ***núcleos urbanos informais****.*

Por fim, a **Lei nº. 12.587/2012**, no seu **art. 26**, prevê que a norma se aplica, no que couber, ao planejamento, controle, fiscalização e operação dos **serviços de transporte público coletivo intermunicipal, interestadual** e **internacional de caráter urbano**.

8. TÓPICO-SÍNTESE

<table>
<tr><th colspan="2">TÓPICO-SÍNTESE: MOBILIDADE URBANA</th></tr>
<tr><td colspan="2">A Lei Federal nº. 12.587/2012 instituiu as diretrizes da Política Nacional de Mobilidade Urbana, que é instrumento da política de desenvolvimento urbano de que tratam o inciso XX do art. 21 e o art. 182 da CF/88, objetivando a integração entre os diferentes modos de transporte e a melhoria da acessibilidade e mobilidade das pessoas e cargas no território do Município (art. 1º da Lei nº. 12/587/2012).
A Política Nacional, nos termos do parágrafo único do art. 1º da Lei nº. 12.587/2012, deve atender ao previsto no inciso VII do art. 2º e no §2º do art. 40 do Estatuto da Cidade.</td></tr>
<tr><td>OBJETO DA POLÍTICA NACIONAL DE MOBILIDADE URBANA</td><td>Contribuir para o acesso universal à cidade, o fomento e a concretização das condições que contribuam para a efetivação dos princípios, objetivos e diretrizes da política de desenvolvimento urbano, por meio do planejamento e da gestão democrática do Sistema Nacional de Mobilidade Urbana (art. 2º da Lei nº. 12.587/2012).</td></tr>
<tr><td>SISTEMA NACIONAL DE MOBILIDADE URBANA</td><td>É o conjunto organizado e coordenado dos modos de transporte, de serviços e de infraestruturas que garante os deslocamentos de pessoas e cargas no território do Município (art. 3º da Lei nº 12.587/2012).</td></tr>
<tr><td>INFRAESTRUTURAS DE MOBILIDADE URBANA</td><td>1º Vias e demais logradouros públicos, inclusive metroferrovias, hidrovias e ciclovias; Estacionamentos; 2º Terminais, estações e demais conexões; 3º Pontos para embarque e desembarque de passageiros e cargas; 4º Sinalização viária e de trânsito; 5º Equipamentos e instalações; 6º Instrumentos de controle, fiscalização, arrecadação de taxas e tarifas e difusão de informações.</td></tr>
<tr><td>CONCEITOS RELEVANTES</td><td>- Transporte urbano: conjunto dos modos e serviços de transporte público e privado utilizados para o deslocamento de pessoas e cargas nas cidades integrantes da Política Nacional de Mobilidade Urbana;
- Mobilidade urbana: condição em que se realizam os deslocamentos de pessoas e cargas no espaço urbano;
- Acessibilidade: facilidade disponibilizada às pessoas que possibilite a todos autonomia nos deslocamentos desejados, respeitando-se a legislação em vigor;
- Transporte remunerado privado individual de passageiros: serviço remunerado de transporte de passageiros, não aberto ao público, para a realização de viagens individualizadas ou compartilhadas solicitadas exclusivamente por usuários previamente cadastrados em aplicativos ou outras plataformas de comunicação em rede. (Redação dada pela Lei nº 13.640, de 2018).</td></tr>
</table>

<table>
<tr><th colspan="2">TÓPICO-SÍNTESE: MOBILIDADE URBANA</th></tr>
<tr><th colspan="2">PRINCÍPIOS, DIRETRIZES E OBJETIVOS DA POLÍTICA NACIONAL DE MOBILIDADE URBANA</th></tr>
<tr><td colspan="2">Os princípios que fundamentam a Política Nacional de Mobilidade Urbana, bem como, as diretrizes que a orientam e o seus objetivos, estão listados expressamente na Lei nº. 12.587/2012, nos seus arts. 5º, 6º e 7º, respectivamente.</td></tr>
<tr><td>PRINCÍPIOS</td><td>1º Acessibilidade universal; Desenvolvimento sustentável das cidades, nas dimensões socioeconômicas e ambientais; 2º Equidade no acesso dos cidadãos ao transporte público coletivo; 3º Eficiência, eficácia e efetividade na prestação dos serviços de transporte urbano; 4º Gestão democrática e controle social do planejamento e avaliação da Política Nacional de Mobilidade Urbana; 5º Segurança nos deslocamentos das pessoas; Justa distribuição dos benefícios e ônus decorrentes do uso dos diferentes modos e serviços; 6º Equidade no uso do espaço público de circulação, vias e logradouros; 7º Eficiência, eficácia e efetividade na circulação urbana.</td></tr>
<tr><td>DIRETRIZES</td><td>1º Integração com a política de desenvolvimento urbano e respectivas políticas setoriais de habitação, saneamento básico, planejamento e gestão do uso do solo no âmbito dos entes federativos; 2º Prioridade dos modos de transportes não motorizados sobre os motorizados e dos serviços de transporte público coletivo sobre o transporte individual motorizado; 3º Integração entre os modos e serviços de transporte urbano; 4º Mitigação dos custos ambientais, sociais e econômicos dos deslocamentos de pessoas e cargas na cidade; 5º Incentivo ao desenvolvimento científico-tecnológico e ao uso de energias renováveis e menos poluentes; 6º Priorização de projetos de transporte público coletivo estruturadores do território e indutores do desenvolvimento urbano integrado; 7º Integração entre as cidades gêmeas localizadas na faixa de fronteira com outros países sobre a linha divisória internacional; 8º Garantia de sustentabilidade econômica das redes de transporte público coletivo de passageiros, de modo a preservar a continuidade, a universalidade e a modicidade tarifária do serviço.</td></tr>
<tr><td>OBJETIVOS</td><td>1º Reduzir as desigualdades e promover a inclusão social; 2º Promover o acesso aos serviços básicos e equipamentos sociais; 3º Proporcionar melhoria nas condições urbanas da população no que se refere à acessibilidade e à mobilidade; 4º Promover o desenvolvimento sustentável com a mitigação dos custos ambientais e socioeconômicos dos deslocamentos de pessoas e cargas nas cidades; 5º Consolidar a gestão democrática como instrumento e garantia da construção contínua do aprimoramento da mobilidade urbana.</td></tr>
</table>

<table>
<tr><th colspan="2">TÓPICO-SÍNTESE: MOBILIDADE URBANA</th></tr>
<tr><th colspan="2">DIRETRIZES PARA REGULAÇÃO DOS SERVIÇOS DE TRANSPORTE PÚBLICO COLETIVO</th></tr>
<tr><td>DIRETRIZES DA POLÍTICA TARIFÁRIA</td><td>1º Promoção da equidade no acesso aos serviços; 2º Melhoria da eficiência e da eficácia na prestação dos serviços; 3º Ser instrumento da política de ocupação equilibrada da cidade de acordo com o plano diretor municipal, regional e metropolitano; 4º Contribuição dos beneficiários diretos e indiretos para custeio da operação dos serviços; 5º Simplicidade na compreensão, transparência da estrutura tarifária para o usuário e publicidade do processo de revisão; 6º Modicidade da tarifa para o usuário; 7º Integração física, tarifária e operacional dos diferentes modos e das redes de transporte público e privado nas cidades; 8º Articulação interinstitucional dos órgãos gestores dos entes federativos por meio de consórcios públicos; 9º Estabelecimento e publicidade de parâmetros de qualidade e quantidade na prestação dos serviços de transporte público coletivo; 10º Incentivo à utilização de créditos eletrônicos tarifários.</td></tr>
<tr><td colspan="2">O preço público cobrado do usuário pelo uso do transporte público coletivo denomina-se tarifa pública, sendo instituída por ato específico do poder público outorgante (art. 9º, §2º, da Lei nº. 12.587/2012).
O regime econômico e financeiro da concessão e o da permissão do serviço de transporte público coletivo serão estabelecidos no respectivo edital de licitação, sendo a tarifa de remuneração da prestação de serviço de transporte público coletivo resultante do processo licitatório da outorga do poder público (art. 9º da Lei nº. 12.587/2012).
Tarifa de remuneração da prestação do serviço de transporte público coletivo: Preço público cobrado do usuário pelos serviços (Tarifa Pública) + Receita oriunda de outras fontes de custeio.</td></tr>
<tr><td>DÉFICT ou SUBSÍDIO TARIFÁRIO</td><td>Existência de diferença a menor entre o valor monetário da tarifa de remuneração da prestação do serviço de transporte público de passageiros e a tarifa pública cobrada do usuário.</td></tr>
<tr><td>SUPERÁVIT TARIFÁRIO</td><td>Existência de diferença a menor entre o valor monetário da tarifa de remuneração da prestação do serviço de transporte público de passageiros e a tarifa pública cobrada do usuário.</td></tr>
<tr><td colspan="2">Nos termos dos parágrafos 7º e 8º do art. 9 da Lei nº. 12.587/2012, competem ao poder público delegante: a) a fixação, o reajuste e a revisão da tarifa de remuneração da prestação do serviço e da tarifa pública a ser cobrada do usuário; b) a fixação dos níveis tarifários.</td></tr>
</table>

<table>
<tr><th colspan="2">TÓPICO-SÍNTESE: MOBILIDADE URBANA</th></tr>
<tr><td>REAJUSTE DAS TARIFAS DE REMUNERAÇÃO</td><td>Observarão a periodicidade mínima estabelecida pelo poder público delegante no edital e no contrato administrativo e incluirão a transferência de parcela dos ganhos de eficiência e produtividade das empresas aos usuários.</td></tr>
<tr><td>REVISÕES ORDINÁRIAS DAS TARIFAS DE REMUNERAÇÃO</td><td>Terão periodicidade mínima estabelecida pelo poder público delegante no edital e no contrato administrativo e deverão: a) incorporar parcela das receitas alternativas em favor da modicidade da tarifa ao usuário; b) incorporar índice de transferência de parcela dos ganhos de eficiência e produtividade das empresas aos usuários; e c) aferir o equilíbrio econômico e financeiro da concessão e o da permissão, conforme parâmetro ou indicador definido em contrato.</td></tr>
<tr><td>REVISÕES EXTRAORDINÁRIAS DAS TARIFAS DE REMUNERAÇÃO</td><td>O Poder Público poderá proceder em caráter excepcional e desde que observado o interesse público. Por ato de ofício ou mediante provocação da empresa, caso em que esta deverá demonstrar a sua cabal necessidade, instruindo o requerimento com todos os elementos indispensáveis suficientes para subsidiar a decisão, dando publicidade ao ato.</td></tr>
<tr><td colspan="2">O Superior Tribunal de Justiça possui jurisprudência no sentido de que não é devida indenização aos permissionários de serviço público de transporte coletivo, em razão de tarifas deficitárias, no caso de inexistência de prévia licitação.</td></tr>
<tr><th colspan="2">DIRETRIZES PARA REGULAÇÃO DOS SERVIÇOS DE TRANSPORTE PRIVADO COLETIVO E INDIVIDUAL E DE UTILIDADE PÚBLICA</th></tr>
<tr><td colspan="2">O regramento referente do serviço remunerado de transporte de passageiros, não aberto ao público, para realização de viagens individualizadas ou compartilhadas solicitadas exclusivamente por usuários previamente cadastrados em aplicativos ou outras plataformas de comunicação em rede, foi recentemente incluído pela Lei nº. 13.640/2018, que dispõe que compete exclusivamente aos Municípios e ao Distrito Federal regulamentá-los e fiscalizá-los (art. 11-A da Lei nº. 12.587/2012).</td></tr>
<tr><td>DIRETRIZES NA REGULAMENTAÇÃO E FISCALIZAÇÃO DO TRANSPORTE PRIVADO INDIVIDUAL DE PASSAGEIROS</td><td>1º Efetiva cobrança dos tributos municipais devidos pela prestação do serviço; 2º Exigência de contratação de seguro de Acidentes Pessoais a Passageiros (APP) e do Seguro Obrigatório de Danos Pessoais causados por Veículos Automotores de Vias Terrestres (DPVAT); 3º Exigência de inscrição do motorista como contribuinte individual do Instituto Nacional do Seguro Social (INSS), nos termos da alínea h do inciso V do art. 11 da Lei nº 8.213, de 24 de julho de 1991.</td></tr>
</table>

<table>
<tr><th colspan="2">TÓPICO-SÍNTESE: MOBILIDADE URBANA</th></tr>
<tr><td>CONDIÇÕES IMPOSTAS PARA O MOTORISTA PRESTAR O SERVIÇO DE TRANSPORTE PRIVADO INDIVIDUAL DE PASSAGEIROS</td><td>1º Possuir Carteira Nacional de Habilitação na categoria B ou superior que contenha a informação de que exerce atividade remunerada; 2º Conduzir veículo que atenda aos requisitos de idade máxima e às características exigidas pela autoridade de trânsito e pelo poder público municipal e do Distrito Federal; 3º Emitir e manter o Certificado de Registro e Licenciamento de Veículo (CRLV); 4º Apresentar certidão negativa de antecedentes criminais.

Será caracterizado o transporte ILEGAL de passageiros: A exploração dos serviços remunerados de transporte privado individual de passageiros sem o cumprimento dos requisitos previstos na Lei nº. 12.587/2012 e na regulamentação do poder público municipal e do Distrito Federal (art. 11-B, parágrafo único, da Lei nº. 12.587/2012).</td></tr>
<tr><td colspan="2">O Superior Tribunal de justiça proferiu decisão relevante, na qual definiu que a atividade concernente aos serviços de táxi se traduz em serviço de utilidade pública prestada por particular e, por isso, não se submete a exigência de prévia licitação ((STJ - REsp: 1494288 ES 2014/0234747-2, Relator: Ministro SÉRGIO KUKINA, Data de Julgamento: 04/09/2018, T1 - PRIMEIRA TURMA, Data de Publicação: DJe 10/09/2018). Neste mesmo sentido já decidiu a 2ª turma do Supremo Tribunal Federal, em julgamento de relatoria do Ministro Gilmar Mendes, assentado em precedente do Plenário da Corte (RE 1.002.310 AgR, Relator (a): Min. GILMAR MENDES, Segunda Turma, julgado em 30/06/2017, PROCESSO ELETRÔNICO DJe-170 DIVULG 02-08-2017 PUBLIC 03-08-2017).

Assim, neste caso, por se tratar de serviço de utilidade pública prestado por particular, faz-se necessária apenas autorização do Poder Público para a sua prestação, sendo competente o Município para estabelecer os requisitos autorizadores da exploração da atividade econômica.</td></tr>
<tr><td>DIREITO À EXPLORAÇÃO DE SERVIÇOS DE TÁXI</td><td>1º Poderá outorgado a qualquer interessado que satisfaça os requisitos exigidos pelo poder público local (art. 12-A, caput, Lei nº. 12.587/2012); 2º É permitida a transferência da outorga a terceiros que atendam aos requisitos exigidos em legislação municipal (art. 12-A, §1º, Lei nº. 12.587/2012); 3º Em caso de falecimento do outorgado, o direito à exploração do serviço será transferido a seus sucessores legítimos (art. 12-A, §2º, Lei nº. 12.587/2012); 4º As transferências da outorga a terceiros ou aos sucessores dar-se-ão pelo prazo da outorga e são condicionadas à prévia anuência do poder público municipal e ao atendimento dos requisitos fixados para a outorga (art. 12-A, §3º, Lei nº. 12.587/2012); 5º Na outorga de exploração de serviço de táxi, reservar-se-ão 10% (dez por cento) das vagas para condutores com deficiência (art. 12-B, caput, Lei nº. 12.587/2012).</td></tr>
</table>

TÓPICO-SÍNTESE: MOBILIDADE URBANA	
DIREITO DOS USUÁRIOS DO SISTEMA NACIONAL DE MOBILIDADE URBANA	
DIREITOS DOS USUÁRIOS	1º **Receber o serviço adequado**, nos termos do art. 6º da Lei no 8.987, de 13 de fevereiro de 1995; 2º **Participar do planejamento, da fiscalização e da avaliação** da política local de mobilidade urbana; 3º **Ser informado** nos pontos de embarque e desembarque de passageiros, de forma gratuita e acessível, sobre itinerários, horários, tarifas dos serviços e modos de interação com outros modais; 4º **Ter ambiente seguro e acessível para a utilização do Sistema Nacional de Mobilidade Urbana**, conforme as Leis nº. 10.048, de 8 de novembro de 2000, e 10.098, de 19 de dezembro de 2000.
INSTRUMENTOS DE PARTICIPAÇÃO DA SOCIEDADE CIVIL	**ÓRGÃOS COLEGIADOS** com participação de representantes do Poder Executivo, da sociedade civil e dos operadores dos serviços; **OUVIDORIAS** nas instituições responsáveis pela gestão do sistema Nacional de Mobilidade Urbana ou nos órgãos com atribuições análogas; **AUDIÊNCIAS** e **CONSULTAS PÚBLICAS**; **PROCEDIMENTO SISTEMÁTICO** de comunicação, de avaliação da satisfação dos cidadãos e dos usuários e de prestação de contas públicas.
ATRIBUIÇÕES DOS ENTES POLÍTICOS	
UNIÃO	1º **Prestar assistência técnica** e **financeira** aos Estados, Distrito Federal e Municípios, nos termos desta Lei; 2º **Contribuir para a capacitação continuada** de pessoas e para o **desenvolvimento das instituições** vinculadas à Política Nacional de Mobilidade Urbana nos Estados, Municípios e Distrito Federal, nos termos desta Lei; 3º **Organizar e disponibilizar informações** sobre o Sistema Nacional de Mobilidade Urbana e a qualidade e produtividade dos serviços de transporte público coletivo; 4º **Fomentar a implantação de projetos** de transporte público coletivo de grande e média capacidade nas aglomerações urbanas e nas regiões metropolitanas; 5º **Fomentar o desenvolvimento tecnológico e científico** visando ao atendimento dos princípios e diretrizes desta Lei; 6º **Prestar, diretamente ou por delegação ou gestão associada**, os serviços de transporte público interestadual de caráter urbano.
ESTADOS e DISTRITO FEDERAL	1º Prestar, diretamente ou por delegação ou gestão associada, **os serviços de transporte público coletivo intermunicipais de caráter urbano**, em conformidade com o § 1º do art. 25 da Constituição Federal; 2º **Propor política tributária específica** e **de incentivos** para a implantação da Política Nacional de Mobilidade Urbana; 3º **Garantir o apoio** e **promover a integração dos serviços** nas áreas que ultrapassem os limites de um Município, em conformidade com o § 3º do art. 25 da Constituição Federal.

<table>
<tr><th colspan="2">TÓPICO-SÍNTESE: MOBILIDADE URBANA</th></tr>
<tr><td>MUNICÍPIOS</td><td>1º Planejar, executar e avaliar a política de mobilidade urbana, bem como promover a regulamentação dos serviços de transporte urbano; 2º Prestar, direta, indiretamente ou por gestão associada, os serviços de transporte público coletivo urbano, que têm caráter essencial; 3º Capacitar pessoas e desenvolver as instituições vinculadas à política de mobilidade urbana do Município.</td></tr>
<tr><td colspan="2">Nos termos do art. 16, §1º, da Lei nº. 12.587/2012, a União poderá delegar aos Estados, ao Distrito Federal ou aos Municípios a organização e a prestação dos serviços de transporte público coletivo interestadual e internacional de caráter urbano, desde que constituído consórcio público ou convênio de cooperação para tal fim, observado o art. 178 da Constituição Federal.
Nos termos do art. 17, parágrafo único, da Lei nº. 12.587/2012, os Estados poderão delegar aos Municípios a organização e a prestação dos serviços de transporte público coletivo intermunicipal de caráter urbano, desde que constituído consórcio público ou convênio de cooperação para tal fim.</td></tr>
<tr><th colspan="2">DIRETRIZES PARA O PLANEJAMENTO E GESTÃO DOS SISTEMAS DE MOBILIDADE URBANA</th></tr>
<tr><td>INSTRUMENTOS DE GESTÃO DO SISTEMA DE TRANSPORTE E MOBILIDADE URBANA</td><td>1º Restrição e controle de acesso e circulação, permanente ou temporário, de veículos motorizados em locais e horários predeterminados; 2º Estipulação de padrões de emissão de poluentes para locais e horários determinados, podendo condicionar o acesso e a circulação aos espaços urbanos sob controle; 3º Aplicação de tributos sobre modos e serviços de transporte urbano pela utilização da infraestrutura urbana, visando a desestimular o uso de determinados modos e serviços de mobilidade, vinculando-se a receita à aplicação exclusiva em infraestrutura urbana destinada ao transporte público coletivo e ao transporte não motorizado e no financiamento do subsídio público da tarifa de transporte público, na forma da lei; 4º Dedicação de espaço exclusivo nas vias públicas para os serviços de transporte público coletivo e modos de transporte não motorizados;
5º Estabelecimento da política de estacionamentos de uso público e privado, com e sem pagamento pela sua utilização, como parte integrante da Política Nacional de Mobilidade Urbana; 6º Controle do uso e operação da infraestrutura viária destinada à circulação e operação do transporte de carga, concedendo prioridades ou restrições; 7º Monitoramento e controle das emissões dos gases de efeito local e de efeito estufa dos modos de transporte motorizado, facultando a restrição de acesso a determinadas vias em razão da criticidade dos índices de emissões de poluição; 8º Convênios para o combate ao transporte ilegal de passageiros; 9º Convênio para o transporte coletivo urbano internacional nas cidades definidas como cidades gêmeas nas regiões de fronteira do Brasil com outros países, observado o art. 178 da Constituição Federal.</td></tr>
</table>

TÓPICO-SÍNTESE: MOBILIDADE URBANA

O **Plano de Mobilidade Urbana** é o **instrumento de efetivação** da Política Nacional de Mobilidade Urbana e deve contemplar os **princípios**, os **objetivos** e as **diretrizes** da Lei nº. 12.587/2012.

INFORMAÇÕES QUE DEVEM CONSTAR NO PLANO DE MOBILIDADE URBANA	1º Os serviços de transporte público coletivo; 2º A circulação viária; 3º As infraestruturas do sistema de mobilidade urbana, incluindo as ciclovias e ciclofaixas; (Redação dada pela Lei nº 13.683, de 2018) 4º A acessibilidade para pessoas com deficiência e restrição de mobilidade; 5º A integração dos modos de transporte público e destes com os privados e os não motorizados; 6º A operação e o disciplinamento do transporte de carga na infraestrutura viária; 7º Os pólos geradores de viagens; 8º As áreas de estacionamentos públicos e privados, gratuitos ou onerosos; 9º As áreas e horários de acesso e circulação restrita ou controlada; 10º Os mecanismos e instrumentos de financiamento do transporte público coletivo e da infraestrutura de mobilidade urbana; 11º A sistemática de avaliação, revisão e atualização periódica do Plano de Mobilidade Urbana em prazo não superior a 10 (dez) anos.

Os **Municípios acima de 20.000 (vinte mil) habitantes e todos aqueles obrigados à elaboração do Plano Diretor,** deverão elaborar o Plano de Mobilidade Urbana integrado e compatível com os respectivos planos diretores ou neles inseridos, nos termos do **art. 24, §1º, da Lei nº. 12.587/2012.** Segundo o teor do **art. 24, §1º, da Lei nº. 12.587/2012** o Plano de Mobilidade Urbana deverá estar **integrado** e **compatível** com os Planos Diretores, sendo possível, inclusive, **que sejam inseridos nestes.**

A **Lei nº. 13.683/2018** incluiu o **§5º do art. 24 da Lei nº. 12.587/2012**, com a previsão de que o Plano de Mobilidade Urbana **deverá contemplar medidas destinadas** a atender aos **núcleos urbanos informais.**

PRAZO MÁXIMO DESTINADO À COMPATIBILIZAÇÃO DO PLANO DE MOBILIDADE URBANA AO PLANO DIRETOR MUNICIPAL	Após sucessivas alterações, a **Lei nº. 13.046/2016** deu nova redação ao dispositivo para **ampliar o prazo máximo destinado à aludida compatibilização para 06 (SEIS) ANOS DA ENTRADA EM VIGOR DA LEI Nº. 12.587/2012.**
PRAZO LIMITE PARA A SUA EDIÇÃO DO PLANO DE MOBILIDADE URBANA PELOS MUNICÍPIOS	Após várias alterações, a **Lei nº. 13.683/2018** ampliou o **prazo máximo para a elaboração do Plano de Mobilidade para 07 (SETE) ANOS DA ENTRADA EM VIGOR DA LEI Nº. 12.587/2012, findo o qual ficarão impedidos de receber recursos orçamentários federais destinados à mobilidade urbana até que atendam à exigência.**

REFERÊNCIAS BIBLIOGRÁFICAS

CARVALHO FILHO, José dos Santos. **Manual de Direito Administrativo**. São Paulo: Atlas, 2012.

CARVALHO FILHO, José dos Santos. **Comentários ao Estatuto da Cidade**. São Paulo: Atlas, 2013.

COSTA, Regina Helena. Princípio do Direito Urbanístico na Constituição de 1988. *In:* DALLARI, Adilson Abreu; FIGUEIREDO, Lúcia Valle (Coord.) **Temas do Direito Urbanístico 2**. São Paulo: Revista dos Tribunais, 1991.

GASPARINI, Diógenes. **O Município e o Parcelamento do Solo**. São Paulo: Saraiva, 1988.

HUMBERT, Georges Louis Hage. **Direito Urbanístico e Função Socioambiental da Propriedade Imóvel Urbana**. Belo Horizonte: Fórum, 2009.

MEIRELLES, Hely Lopes. **Direito Administrativo Brasileiro**. São Paulo: Malheiros, 2004.

MEIRELLES, Hely Lopes. **Direito Municipal Brasileiro**. São Paulo: Malheiros, 2006.

PINTO, Victor Carvalho. **Direito Urbanístico: plano diretor e direito de propriedade**. São Paulo: Revista dos Tribunais, 2005.

RECH, Adir Ubaldo; RECH, Adivandro. **Direito Urbanístico: fundamentos para construção de um plano diretor sustentável na área urbana e rural.** Caxias do Sul: Educs, 2010.

SILVA, José Afonso da. **Direito Urbanístico Brasileiro.** São Paulo: Malheiros Editores, 2010.

LEIS E DOCUMENTOS OFICIAIS

BRASIL. [Constituição (1988)]. **Constituição da República Federativa do Brasil**. Brasília, DF: Presidência da República, [2019]. Disponível em: http://www.planalto.gov.br/ccivil_03/Constituicao/ Constituiçao.htm. Acesso em: 1 abr. 2019.

BRASIL. Decreto-Lei nº 271, de 28 de fevereiro de 1967. Dispõe sôbre loteamento urbano, responsabilidade do loteador concessão de uso e espaço aéreo e dá outras providências. **Diário Oficial da União**: Brasília, DF, 28 de fevereiro de 1967.

BRASIL. Lei nº 6.766, de 19 de dezembro de 1979. Dispõe sobre o Parcelamento do Solo Urbano e dá outras providências. **Diário Oficial da União**: Brasília, DF, 19 de dezembro de 1979.

BRASIL. Lei nº 8.429, de 2 de junho de 1992. Dispõe sobre as sanções aplicáveis aos agentes públicos nos casos de enriquecimento ilícito no exercício de mandato, cargo, emprego ou função na administração pública direta, indireta ou fundacional e dá outras providências. **Diário Oficial da União**: Brasília, DF, 02 de junho de 1992.

BRASIL. Lei Federal nº 8.666, de 21 de junho de 1993. Regulamenta o art. 37, inciso XXI, da Constituição Federal, institui normas para licitações e contratos da Administração Pública e dá outras providências. **Diário Oficial da União**: Brasília, DF, 28 de junho de 1993.

BRASIL. Lei 10.257, de 10 de julho de 2001. Regulamenta os arts. 182 e 183 da Constituição Federal, estabelece diretrizes gerais da política urbana e dá outras providências. **Diário Oficial da União**: Brasília, DF, 10 de julho de 2001.

BRASIL. Medida Provisória nº 2.220, de 04 de setembro de 2001. Dispõe sobre a concessão de uso especial de que trata o § 1º do art. 184 da Constituição, cria o Conselho Nacional de Desenvolvimento Urbano – CNDU e dá outras providências. **Diário Oficial da União**: Brasília, DF, 04 de setembro de 2001.

BRASIL. Lei nº 10. 406, de 10 de janeiro de 2002. Institui o Código Civil. **Diário Oficial da União**: Brasília, DF, 10 de janeiro de 2002.

BRASIL. Lei nº 12.587, de 03 de janeiro de 2012. Institui as diretrizes da Política Nacional de Mobilidade Urbana; revoga dispositivos dos Decretos-Leis nos 3.326, de 3 de junho de 1941, e 5.405, de 13 de abril de 1943, da Consolidação das Leis do Trabalho (CLT), aprovada pelo Decreto-Lei no 5.452, de 1o de maio de 1943, e das Leis nos 5.917, de 10 de setembro de 1973, e 6.261, de 14 de novembro de

1975; e dá outras providências. **Diário Oficial da União**: Brasília, DF, 03 de janeiro de 2012.

BRASIL. Lei nº 13.089, de 12 de janeiro de 2015. Institui o Estado da Metrópole, altera a Lei nº 10.257, de 10 de julho de 2001, e dá outras providências. **Diário Oficial da União**: Brasília, DF, 12 de janeiro de 2015.

BRASIL. Lei nº 13. 105, de 16 de março de 2015. Código de Processo Civil. **Diário Oficial da União**: Brasília, DF, 16 de março de 2015.

BRASIL. Lei nº 13.465 de 11 de julho de 2017. Dispõe sobre a regularização fundiária rural e urbana, sobre a liquidação de créditos concedidos aos assentados da reforma agrária e sobre a regularização fundiária no âmbito da Amazônia Legal; institui mecanismos para aprimorar a eficiência dos procedimentos de alienação de imóveis da União; altera as Leis nos 8.629, de 25 de fevereiro de 1993, 13.001, de 20 de junho de 2014, 11.952, de 25 de junho de 2009, 13.340, de 28 de setembro de 2016, 8.666, de 21 de junho de 1993, 6.015, de 31 de dezembro de 1973, 12.512, de 14 de outubro de 2011, 10.406, de 10 de janeiro de 2002 (Código Civil), 13.105, de 16 de março de 2015 (Código de Processo Civil), 11.977, de 7 de julho de 2009, 9.514, de 20 de novembro de 1997, 11.124, de 16 de junho de 2005, 6.766, de 19 de dezembro de 1979, 10.257, de 10 de julho de 2001, 12.651, de 25 de maio de 2012, 13.240, de 30 de dezembro de 2015, 9.636, de 15 de maio de 1998, 8.036, de 11 de maio de 1990, 13.139, de 26 de junho de 2015, 11.483, de 31 de maio de 2007, e a 12.712, de 30 de agosto de 2012, a Medida Provisória no 2.220, de 4 de setembro de 2001, e os Decretos-Leis nos 2.398, de 21 de dezembro de 1987, 1.876, de 15 de julho de 1981, 9.760, de 5 de setembro de 1946, e 3.365, de 21 de junho de 1941; revoga dispositivos da Lei Complementar no 76, de 6 de julho de 1993, e da Lei no 13.347, de 10 de outubro de 2016; e dá outras providências. **Diário Oficial da União**: Brasília, DF, 11 de julho de 2017.

BRASIL. Lei nº 13.683, de 13 de junho de 2018. Altera as Leis nºs 13.089, de 12 de janeiro de 2015 (Estatuto da Metrópole), e 12.587, de 3 de janeiro de 2012, que institui as diretrizes da Política Nacional de Mobilidade Urbana. **Diário Oficial da União**: Brasília, DF, 13 de julho de 2018.

EDITORA JusPODIVM
www.editorajuspodivm.com.br

Pré-impressão, impressão e acabamento
GRÁFICA SANTUÁRIO

grafica@editorasantuario.com.br
www.graficasantuario.com.br
Aparecida-SP